Negócios Publicidade - Edição Português

Por Arthur H Tafero

Inclui planos de aula em Português

Encaminhar

Eu sou um professor de marketing, porque eu gosto muito. Adoro ver a criatividade dos meus alunos universitários desenvolvem a partir de observadores para proativo maníacos de marketing. Alguns obtê-lo e outros não; Assim como na vida real, na Madison Avenue. Eu tive a sorte de falhar em publicidade em uma idade muito tenra (18) e recuar para a contabilidade de custos em Wall Street. Eu estava mais confortável com os números. Eu só não tinha a criatividade que levou para ir para o próximo nível da minha agência de publicidade. Nós nos separamos em termos amigáveis e eu aprendi muito enquanto eu estava lá.

Em 1965, a publicidade ainda era um negócio em seus estágios de desenvolvimento. Propaganda na TV ainda era um mistério para a maioria das agências de publicidade na Madison Avenue na época. Olgilvy e Mather parecia ser muito bom no que faz, mas muitas outras agências afundou em que local. Não havia computadores para fazer a pesquisa fácil, então. Tudo tinha de ser feito com livros, bibliotecas e sair para participar de pesquisas. Research foi um pouco mais fisicamente exigente então. Não havia telefones celulares para armazenar dados. Você fez um monte de escrever em blocos de anotações amarelo. Os pesquisadores usaram a ter cãibras nas mãos de tirar tantas notas.

Não havia internet, sem Wikipedia, há motores de busca ou até mesmo um lugar para armazenar dados. O processamento de dados foi mantida em cartões Keypunch e impressa em papel volumoso que foi sobre e sobre com chato preto em números brancos e texto. Você poderia ficar cego ou ir dormir apenas lê-los durante uma hora. Cada empresa tinha arquivos; e eu quero dizer um monte de arquivos. Arquivos de papel. Um lugar como Metropolitan Life Insurance teve pisos de escritórios que não tinham nada, mas os arquivos de papel. Como as pessoas poderiam trabalhar lá e manter sua sanidade estava além de mim.

Yep, a publicidade ainda era uma ciência inexata (e ainda é para que o assunto) em 1965 Havia anúncios de TV desajeitados com caixas de cigarro dança de Chesterfield, terríveis spots de rádio com alguns acadêmica (como eu) que vem a explicar por que você deve comprar um determinado produto que iria aumentar a sua capacidade cerebral, anúncios de jornal sem brilho que não tinham legendas sob as suas fotos ou notícias para o seu anúncio, e alguns outdoors realmente terríveis no caminho para a Flórida, que tinha praticamente a metade da Constituição escrita sobre eles, enquanto você estava dirigindo passado a 60 milhas por hora e tinha cerca de cinco segundos para lê-la.

Publicidade já percorreu um longo caminho desde então, mas é importante não esquecer o básico de grande publicidade, o que eu acredito que David Ogilvy tinha capturado em seu texto clássico, Confissões de um publicitário, um dos livros que eu uso para ensinar minha universidade alunos da YUFE (Yunnan University of Finance and Economics), um dos principais universidades chinesas para os

1

negócios em todo o país. E se você não tenha notado, ultimamente, China e sua experiente econômica obliterado todos os outros países no PIB nos últimos dez anos. Para ter certeza, ainda há pontos fracos da economia chinesa (como há em todas as economias), mas os estudantes chineses nascem com o gene empreendedor (mais de 5% da população tem tentado iniciar um novo negócio); que tem mais de 65 milhões de empresas.

A desvantagem desse número é que 92% dessas empresas falham dentro de três anos de acordo com os serviços de empréstimo de negócio do Banco da China. No entanto, isso não impede que a próxima onda de soldados de passar por cima diretamente para o fogo de metralhadora do mundo dos negócios. Como na guerra, ninguém pensa que eles vão ser o próximo a cair na linha de fogo.

Três principais razões para o fracasso de mais de 90% de todas as empresas de pequeno porte na China são os seguintes; (1) mau publicidade, (2) habilidades tecnológicas pobres, como na criação e manutenção de um site que desenvolve um fluxo de receita confiável, e (3) uma clara falta de compreensão da importância de ter um nicho, ou uma abordagem muito original. Estas e muitas outras questões e princípios da boa publicidade será discutido na seguinte lição plano prevê. Espero que você lucrar com o conteúdo.

Arthur H Tafero
Escritor
Amazon.com
Professor de Marketing
Escola de Finanças e Economia da Universidade de Yunnan
Proprietário
AskMrMovies.com

Índice

Negócios Publicidade

Esboço do Curso

Este esboço de curso for Business Advertising vai incluir, mas não se limitando a, o seguinte: Clareza de Objetivo, Roles desejados de Publicidade, Target Segmentação, Clareza de mensagem, razões para comprar, a credibilidade da Proposta de Valor, pretendido Acção do Consumidor, Relatividade de Alvo Mindset, escolha do meio, PPC (pay per click), SEO (search engine optimization) seleção da palavra, design, publicidade, elementos de publicidade, e um exame de sugestões de publicidade clássicos de um mestre da arte, David Ogilvy. Áreas incluídas são: Como gerenciar uma agência de publicidade, como obter clientes, como para manter os clientes, como construir grandes campanhas, como escrever a cópia potentes e outros. Também estão incluídos no curso será de quatro aulas concentrando-se em questões de publicidade e vendas na China.

Texto Ensino Primário:

Confissões de um publicitário - David Ogilvy

Instrutor: Arthur H Tafero, MA, Universidade de Columbia

Introdução à Lição

Então você quer ser em publicidade. Você viu todos os episódios de Mad Men e isso fez você anseia pela chance de ser o próximo Donald Draper. Esqueça; é apenas um programa de TV e é, pelo menos, 50 anos atrás dos tempos. Foi antes de telefones celulares, computadores, internet, DVDs, TV a cabo, CDs, e uma série de outros avanços tecnológicos que tornam quase tudo sobre o show obsoleto. As empresas não tinham sites. Os fluxos de receitas e problemas de SEO eram inconcebíveis.

No entanto, quando se trata de capturar o elemento humano da publicidade, Mad Men praticamente está em uma liga própria e extremamente preciso. Publicidade executivos são cruéis, gananciosos, ambicioso ao extremo, obcecado, impulsionado e muito mais. Alguns têm ética, mas a maioria não. Você terá que decidir por si mesmo como ética você será. Pode ser ético e ainda fazer montes de dinheiro? David Ogilvy fez e é por isso que eu estou usando-o como um modelo a seguir. Seu livro ilustra claramente que o negócio de publicidade não é tudo diversão e jogos. Por que as pessoas fazem isso? Porque se você for bem sucedido, você vai fazer dez vezes o dinheiro alguém que trabalha em um escritório ou de uma instituição de ensino faz.

Aqui está um esboço de plano de aula que analisa alguns princípios básicos de publicidade.

Lição 1 - General Advertising Elements

1. Clareza de Objetivo: Qual é a razão por que você está anunciando, o que é que você está fora de alcançar - isto deve ser muito claro, porque esta é a base para a criação da campanha publicitária. SRS Valor Bazaar pode gostar de posicionar-se como o lugar para os melhores produtos e preços. Considerando que, Exxon pode gostar de tranquilizar as pessoas sobre a abordagem ecológica de seus negócios.

2. função desejada de Publicidade: Você quer introduzir um novo produto ou serviço? Você quer dirigir-se a imagem de sua marca? Você quer que a marca a assumir um papel de liderança? Você quer que sua marca para engajar seus consumidores? Você deseja conduzir os julgamentos? Você deseja mudar a percepção? Coloque o dedo sobre este primeiro modo que você pode empurrar a alavanca direita.

3.-alvo Segmentação: Quem são as pessoas que você deseja falar de forma concentrada - vale a pena construir em suas necessidades e aspirações, motivadores, atitude, perspectiva em sua comunicação. Estou olhando para os jovens que estão à procura de um novo pub quadril, ou estou falando um pai de família jovem, que é um dos principais alvos para o meu produto seguro?

4. Clareza de Mensagem: clareza também inclui batata frita obstinação de sua proposição. Lembre-se que é a obstinação da proposição, cujos componentes edifício pode ser mais do que um. O panorama em mensagens não deve ser de cinco coisas diferentes, mas sim sobre a coisa potente que é o resultado dessas cinco coisas diferentes.

5. razão para comprar: a razão pela qual você acha que seu set-alvo vai encontrar a sua marca oferecendo diferente, relevante, excitante, resolução de problemas, convidando ...

6. Credibilidade da proposição de valor. Crucial, se você não quer que as pessoas para virar a página ou zapear o canal.

7 desejado ação do consumidor: O que é que você deseja que ele faça como resultado da sua comunicação: se sentir confiante depois de usar o produto, acho melhor de você, visite sua loja, comprar online, solicite uma demonstração ...

8 Relatividade com a do conjunto alvo mentalidade atual. Se no cenário de hoje as pessoas querem a preservação de capital em primeiro lugar, então este não seria o momento de vender um de alto risco, alto retorno small-cap fundo mútuo.

9 Escolha do Meio: TV, web, jornais e revistas, rádio ... Seus atributos e comportamento de consumo por parte dos consumidores definem o tipo de publicidade, às vezes impactá-lo na fase muito conceitual. A largura de banda oferecida pela combinação de áudio, vídeo, web e gráficos podem ser espetaculares.

10. espaço e necessidade de exagero vivas, metáforas, tratamento inesperado, aridez. Nada simples se destaca muito, você precisa para construir em alguns pontos altos.

11. Licitações para PPC (Pay Per Click) campanhas

12. Orçamentos compaigns PPC
Sem estes dois elementos conceito de sucesso e maior ROI nunca pode ser alcançado. Como você encontra a melhor proposta e orçamento para sua campanha de PPC?
Alguns serviços de gerenciamento de PPC que irão ajudá-lo na gestão de suas campanhas
• Gerenciamento de custos
• Investigação para o valor de um clique
• Saber quando parar de gastar mais
• orçamentos funcionando bem
• Operar o sistema de licitação estrategicamente
No entanto, ao iniciar suas campanhas duas questões devem ser entretido corretamente são
a. Como podemos gerar leads de alta qualidade?
b. Como podemos gerar um grande volume de leads?
Manter o equilíbrio entre estas duas questões irão se tornar a chave para o lance e orçamento para qualquer de suas campanhas de PPC.

ICA e HW 1

Responda as seguintes redações

1 Como você pode gerar leads de alta qualidade?
2 Como devemos escolher o nosso meio de publicidade?

3 Por que é a segmentação alvo importante na publicidade?

4 Qual é o papel desejado de publicidade?

Recursos da Internet adicionais para esta lição:

Resource Geral

http://www.askmrmovies.com

Crazy People (1990) Grande Dudley Moore filme sobre publicidade

Professional Advertising

shinyads.com/solutions/self-serve-pro/

Elementos de Adverting

www.adsavvy.org/5-elementos-de-um-grande-advertisement/

Introdução à Lição Dois

Então você quer ser notado pelo seu novo cartaz ou um site de anúncios. Publicidade Design e os elementos que compõem um projeto bem sucedido é importante para você analisar e entender antes mesmo de começar a tentar tomar o mundo de assalto com sua campanha publicitária brilhante. Aqui está um esboço de plano de aula bastante longa (pode ser sábio para dividi-lo em duas aulas, na verdade), que analisa alguns dos princípios básicos para praticamente todos os detalhes do seu anúncio proposto. Que a Força esteja com você.

Lição 2 - Publicidade Design

AVISO este anúncio!

13. Publicidade Design: Atenção é sempre o primeiro

Este é simples. Se as pessoas não percebem o seu anúncio, sua chance de sucesso é exatamente zero.

Seu design, publicidade absolutamente deve chamar a atenção em primeiro lugar.

A pesquisa indica que 85% dos anúncios não se olhou, não importa o quanto eles custam para produzir. Você tem que ser visto se você quer ação. Imaginem perder 85% de seus clientes porque o anúncio não se destacar da multidão. [Ou pensar em aumentar a resposta a seus anúncios por seis vezes antes de eles serem notados].

14. Publicidade Design: Imagery

Aparência forte é o melhor chamariz. Uma imagem realmente vale mil palavras quando se trata de obter atenção. Os anúncios que apresentam grandes efeitos visuais [60% -70% do anúncio é a foto] marcar o maior para parar o poder.

Mas você precisa ter certeza de que você obtenha o tipo certo de atenção. Uma grande imagem bonita cor, cheio de um modelo nu vai te dar um monte de atenção, mas não do tipo que você deseja. Não deixe que uma grande imagem ditar o seu design publicitário. É fundamental para a sua imaginação para combinar com sua mensagem. Suas fotos tem que coincidir com a sua cópia, e, juntos, eles devem transmitir a sua mensagem se destina.

Este é provavelmente o erro mais comum em design de publicidade. As imagens não têm muito a ver com o produto ou serviço, ou não transmitir a mensagem certa. Se a foto vende luxúria ou humor, e

9

você está vendendo segurança, o contraste mental confundir todos, mas os leitores mais determinados. As pessoas vão passar por você, porque a razão que eles foram atraídos para o seu anúncio [a foto] não corresponde ao que você está vendendo. Você têm atraído a atenção de errado com o seu design publicitário.

15. Publicidade Design: Contraste

Se as imagens é a primeira maneira de chamar a atenção com seu design de publicidade, o contraste é, definitivamente, o segundo caminho. Seu anúncio deve contrastar com os outros anúncios na página. É por isso que é fundamental para os designers para ver o meio real que você estará anunciando. Se o anúncio só combina com tudo o mais na página, você está desperdiçando seu dinheiro. Se o designer gráfico não importa de onde o anúncio aparece - demiti-lo ou ela.

Ainda pior do que se misturar, seus clientes pode confundir o seu anúncio para anúncio do seu concorrente. Você quer que seu projeto de publicidade para dar a sua empresa um visual único, que contrasta com os outros anúncios em torno dele.

16. Publicidade Design: Ser Diferente

Se as imagens é o primeiro, eo contraste é o segundo, em seguida, ser diferente é a terceira forma de chamar a atenção com seu design publicitário.

As pessoas são atraídas para, novo, engraçado, coisas incomuns diferentes. Você precisa empurrar seu projeto de publicidade tão longe de seu lado conservador como sua força de vontade vai deixar você. Pode ser difícil, mas não ouvir aquela voz na sua cabeça dizendo para você fazer um anúncio tranquila, calma, conservadora. Trata-se de resultados. Obter um pouco louco com seu design publicitário.

Se você mora na América do Norte, depois de ter visto a melhor publicidade do mundo. Os americanos estão sujeitas à publicidade mais alta qualidade já criado - todos os dias. Julgue o seu próprio projeto de publicidade pela concorrência absolutamente brutal que você enfrenta. Os anúncios devem sair por cima. Advertising Professional é sobre a obtenção de resultados, e ser um pouco diferente é definitivamente parte da fórmula.

17 Como os clientes Muitos Você realmente precisa?

Esta questão pode parecer estranho vindo de nós, mas nós somos sérios. Trata-se de maximizar a sua publicidade dólar. Você realmente precisa chegar a todos, ou apenas pessoas suficientes para manter o seu negócio cada vez mais forte a cada ano?

Às agências de design de publicidade, muitas vezes é dito que o melhor trabalho acaba no chão da sala de corte. As empresas muitas vezes querem que seus anúncios sejam do lado conservador. Não muito alto, não muito arriscado. Alto, anúncios para obter atenção são cortados. Mas há uma compensação feita com esta decisão.

18. anúncios conservadores não chamar a atenção. Eles são conservadores. Eles irão, a longo prazo, tornar seu negócio olhar altamente profissional e tradicional. Mas a estratégia conservadora de publicidade design é sobre o caminho mais caro que você pode escolher.

Você realmente precisa ser pensado como conservador? Mesmo a IBM agora tem vestido para baixo sextas-feiras. Dell computador usa um porta-voz da adolescente alto. Merrill Lynch usa um touro numa loja de porcelana. Talvez, [talvez], se você é um banco, um hospital, uma organização sem fins lucrativos, ou uma casa funerária, design conservador publicidade é o caminho a percorrer. Mas os anúncios conservadores não chamar a atenção.

E você precisa de atenção.

Não estamos endossando publicidade design arriscado aqui. Mas pergunte a si mesmo, quantos clientes eu preciso? Se o meu anúncio em forma de roxo e rosa alto-feliz-funny-sexy-estranha-brilhante-estranho recebe a atenção de metade das pessoas lá fora, talvez isso é tudo que eu preciso. Se você deixar algumas das pessoas conservadoras por trás com seu design, publicidade, isso é OK.
Ao receber a atenção com seu design, publicidade, você vai maximizar a sua publicidade dólar.
Publicidade conservador é muito, muito caro. Não vá louco, e sempre manter o seu mercado-alvo em mente, mas esticar para chamar a atenção com seu design publicitário. S-T-R-E-T-C-H para chamar a atenção!

19. Publicidade: Usando fotos e ilustrações
Este também é fácil. Pagar para o melhor, foto ou ilustração disponível mais adequado. Comprá-lo, possuí-lo, mantê-lo e usá-lo para sempre. Talvez ele custa US $ 100, ou mesmo 300 dólares. É absolutamente vale a pena.
Há uma infinidade de fotos fantásticas disponíveis para você. Há uma foto perfeita lá fora para o seu negócio. As bases de dados têm dezenas de milhões de fotos e ilustrações de alta qualidade super. Encontrar o caminho certo que transmite a sua mensagem, e você é meio caminho andado para um anúncio altamente eficaz.
Alternativamente, se você usar uma foto ruim, você acabou de cortar a eficácia da sua publicidade design na metade. Lembre-se, as empresas que cortar custos na produção de design de publicidade estão perdendo uma grande percentagem do seu orçamento de publicidade. Pagar para a produção de alta qualidade na frente, e usá-lo para sempre. O custo de produção é trivial, em comparação com o custo do material. Não desperdice o seu dinheiro, poupar na boa publicidade design.
E é claro que é uma questão de qualidade de reprodução de fotos na mídia que você escolher. Todo jornal é impresso em um tipo diferente de imprensa. Toda imprensa é diferente, e cada impressora é diferente. É o trabalho do seu designer para saber como obter a melhor reprodução de foto de qualidade da imprensa específico que está sendo usado. Você não quer que suas fotos para olhar como lama no jornal.

20. Publicidade Design: A psicologia das cores em Publicidade
A compreensão de como seus clientes interpretar a cor em sua publicidade pode ser muito importante.
Em primeiro lugar, as diferentes culturas interpretar cores de maneiras diferentes. O amarelo representa o ciúme na França, na Grécia, tristeza, felicidade, nos Estados Unidos, e é sagrado na China. A moral, é claro, é conhecer seu público-alvo.
O vermelho é a emoção em design publicitário. É comumente utilizada para o automóvel e publicidade de alimentos. O vermelho é paixão e sexo, perigo, velocidade e potência.

O amarelo é uma grande grabber da atenção em design publicitário. É a luz do sol, calor e felicidade. É a primeira cor dos olhos seus processos.

O azul representa a seriedade, confiança, segurança e tecnologia. É por isso que as empresas costumam usar azul, verde, cerceta, ou cinza na sua publicidade. Azul é também frieza e de pertença.

O preto representa sofisticação e força. É elegante e sedutor. Para o produto certo, o preto é uma cor ótima.

O verde é uma cor fria, fresca. É da natureza e primavera.

O roxo é a realeza. É digno e refinado.

O rosa é suave e feminina. É segurança e suavidade.

White (branco) é para limpeza e pureza de design publicitário. Ele é jovem. Mas isso não significa que ele é para os jovens. Os jovens [adolescentes e Tween] preferem cores mais modernas, como lilás e azul-petróleo.

Há também espaço em branco a considerar em design publicitário. Sem espaço em branco, você não pode ler o texto. Fotos perder seu impacto, eo anúncio perde o equilíbrio. O espaço em branco pode ser o componente mais importante do seu design publicitário.

O ouro é caro e classe alta.

Laranja é brincalhão. É folhas de outono, o calor ea vibração.

A prata é de prestígio. Representa frio e da ciência.

Não se esqueça de que cada época tem seus próprios cores e moda muda a cada poucos minutos []. Se você está tentando estar na moda com o seu design, publicidade, então você tem que acompanhar as tendências.

É tudo isso é importante? Tudo em design de publicidade é importante.

Quando a cor é usada corretamente, ela acrescenta impacto e clareza à sua mensagem. Quando a cor é usada de forma incorreta, pode comprometer a sua mensagem e confundir o seu público-alvo.

A cor pode chamar a atenção, levar o olho, e dar ênfase. Ele pode ser utilizado para mostrar a continuação e parentesco, ou pode diferenciar. Cor certamente gera emoções e associações. Cor tem significado para as pessoas, e você precisa ter certeza de que suas cores dizer a coisa certa para seus clientes. Não deixe que a má concepção publicidade destruir a sua campanha de marketing.

Aqui está um exemplo rápido. Em finanças, a cor vermelha significa perda. Em engenharia, isso significa quente ou perigo. No campo da medicina, significa perigo ou de emergência ou de saúde. Você quer ter certeza de que você não enviar a mensagem errada, usando a cor errada. Um designer gráfico de alta qualidade vai saber a diferença.

Publicidade Design: os elementos de design

Os elementos de design de publicidade são os componentes de um anúncio publicitário que os planos do designer gráfico. A lista a seguir vai ajudar você a entender melhor o que você artista gráfico está falando.

Cor - Cores são considerados em termos de intensidade e brilho. Como visto acima, como a cor é usada em seu projeto de publicidade pode ter um grande impacto na forma como ele é interpretado por seus clientes.

Valor - Valor descreve a claridade ou escuridão de uma cor.

Line - A linha é exatamente o que você pensa que é - uma marca contínua que liga dois pontos.

Shape - As formas são bidimensionais, ou apartamento. A forma é altura e largura apenas em design publicitário.

Formulário - Formulários são tridimensionais - altura, largura e profundidade. Você ganha volume e massa com a forma.

Textura - Textura descreve a superfície de um objeto. O artista torna o objeto para dar uma idéia de como seria a sensação ao toque.

Espaço - No design, publicidade, espaço descreve a distância entre e ao redor dos objetos.

Balanço - Balanço descreve a igualdade de objetos em seu anúncio. Com equilíbrio simétrico, ambos os lados de seu anúncio são as mesmas. Com equilíbrio assimétrico, cada lado é diferente, mas igual. Equilíbrio Radial significa que o anúncio é equilibrado em torno de um ponto focal.

Contraste - Contraste descreve o grau de diferença entre os objetos. Ele chama a atenção e adiciona emoção.

Ênfase - Ênfase e contraste são realmente a mesma coisa em design publicitário. O artista cria um foco ou ponto de destaque em seu anúncio, tornando-a contrastar com as outras partes do anúncio.

Proporção - Proporção descreve como os elementos individuais de um anúncio se relacionam entre si e para toda a peça.

Padrão - Um padrão é exatamente o que você pensa que é - algo repetido uma e outra vez.

Dá ritmo a sua publicidade projetar a sensação de movimento ou ação - Ritmo. O artista coloca objetos ou cria padrões de modo que o olho segue um caminho. O caminho do olho segue em publicidade é muito importante, porque você quer que o leitor acabou em sua chamada para a ação [como em seu número de telefone]. Se os olhos do leitor pára no lugar errado no anúncio, a sua chamada para a ação imediata pode ser visto muito em breve, ou não em todos.

Unity - unidade descreve como toda a propaganda trabalha em conjunto como uma unidade completa.

Variedade - Variety descreve a complexidade de uma obra. Na publicidade, mala direta, especialmente, uma grande quantidade de variedade mantém o leitor engajado e envolvido com a peça. Quanto mais tempo o leitor é envolvido, melhor as chances de entregar a sua mensagem é. É por isso que alguns anúncios são bastante ocupado - eles mantêm o leitor envolvido.

ICA e HW 2

Responda às seguintes questões dissertativas

1 Por que está recebendo o seu anúncio notado importante na publicidade?
2 Por que são as cores importante na publicidade?
3 Por que está anunciando projeto importante na publicidade?
4 Por que é espaçamento importante na publicidade?

Recursos da Internet adicionais para esta lição:

Resource Geral

A Star is Born (1954) Este filme Janet Gaynor é um clássico sobre como se "descobriu"

Publicidade Design
www.wisegeek.com/what-é-publicidade-design.htm

Cor em Publicidade e Propaganda

library.thinkquest.org
Introdução à Lição Três

   Agora vamos entrar no mundo fantástico de David Ogilvy e sua visão extremamente pessoal da publicidade clássica. Mr. Ogilvy examina o objetivo da propaganda, os elementos da publicidade, ea finalidade destes elementos. Enquanto Lição 2 foi, esta lição é extremamente curto e podem ser anexados a segunda parte da lição 2 No entanto, só porque Ogilvy é breve não significa que ele não é profundo em sua contundência. Tente dar a cada um de seus breves instruções a sua máxima atenção; você será recompensado se fizer isso.

Lição 3 - o objetivo da propaganda

Elementos Publicidade Elemento Objetivo
1. Headline recebe atenção
2. promete benefícios Constrói juros
3. Pictures o resultado de benefícios Constrói juros
4 mostra a prova constrói desejo
5. Diferenciação Constrói desejo
6 Faz uma oferta Constrói desejo
7. Convida para ação faz com que a ação

Exemplo de um anúncio de uma página web com todos esses elementos bem feito:

http://bellagenix.com

1. Headline - Olhe 10 anos mais jovem! - Obtém a atenção de quase todas as mulheres com mais de 30
2. promete benefícios - aperta e empresas de pele, reduz rugas, melhora a clareza da pele! - Constrói interesse em quase todas as mulheres com mais de 30
3. Pictures o resultado de Benefícios - Antes e Depois Fotos com resultados dramáticos - Constrói interesse em quase todas as mulheres com mais de 30
4 mostra a prova - Médico recomendação, Depoimentos - cria o desejo de quase todas as mulheres com mais de 30
5. Diferenciação - discute Botox tratamentos caros como alternativa onerosa - Cria mais vontade em quase todas as mulheres com mais de 30
6. faz uma oferta - Sim! Enviar minha garrafa Hoje! Clique no botão! - A essa altura, o desejo é a um passo de febre e quase todas as mulheres com mais de 30 não pode esperar para pressionar o botão.
7 Call for Action -Filling o cupom Order - primeiro encontro com preço elevado para fornecimento 30 dias (um pouco mais de um dólar por dia). Alguns desejo perdido aqui por causa do preço alto, mas um número significativo de mulheres com mais de 30 vai encomendar este produto, independentemente do preço. - Provoca a fim de prosseguir e de cartão de crédito a ser cobrado.

Outros US $ 35 para bellagenix. Eles fizeram a coisa certa. Eles vão fazer um monte de dinheiro. Será que o seu anúncio seja tão bom como este? Este anúncio é um modelo muito bem para copiar para inúmeros produtos. Mas não copiar as imagens ou textos reais; basta copiar os elementos da publicidade no AD!

Brometo populares de Ogilvy:

1 Quando as pessoas não estão se divertindo, eles geralmente não estão a produzir um bom trabalho
2. As pessoas são mais produtivas quando beber um pouco de álcool
3. pagar as pessoas amendoim e você terá macacos
4 99% de toda a publicidade não vende nada para ninguém
5.Não manter um cachorro e latir-se
6. pessoas contratam que são melhores do que você
7 Você não pode salvar as almas em uma igreja vazia
8 Não bojo; tentar bater um fora do parque
9. cupons deve ser na parte inferior direita da página (Isto tem provado ser errada) - Harvard Business School e Wharton School of Business na Universidade da Pensilvânia sugere superior central) O exemplo

anúncio acima tem sua parte superior direita do anúncio, para que possamos ver uma quadro completo de uma mulher com a pele bonita. Para ter o cupom no centro da parte superior iria interferir com a foto excelente. Então, use na parte superior direita ou centro superior de acordo com o tamanho de sua foto.

10 Por via oral, os melhores resultados são atingidos em cerca de 200 palavras por minuto. (Isso também foi refutada pelos mesmos dois programas de MBA acima. 100 palavras por minuto parece ser ótimo de acordo com sua pesquisa.)

ICA e HW 3

Responda as seguintes redações

1 Discutir os diversos elementos de publicidade e os efeitos desses elementos
2 O que significa Ogilvy dizendo que você não pode salvar as almas em uma igreja vazia?
3 O que Ogilvy quer dizer com não manter um cachorro e latir a si mesmo?
4 O que é que quer dizer com Ogilvy pagar as pessoas amendoim e você terá macacos?
5 O que significa Ogilvy dizendo que as pessoas não estão se divertindo, eles geralmente não estão a produzir um bom trabalho?

Recursos da Internet adicionais para esta lição:

Resource Geral
http://www.askmrmovies.com

Cientologia (2012) - Este John Philip Seymour desempenho tour-de-force assustador é bem vale a pena assistir para ver como a mídia pode ser manipulado.

Wag the Dog (1997) - Outro bom filme sobre manipulação da mídia com Hoffman e DeNiro.

Fins de publicidade

advertising.blurtit.com/q863338.html

Introdução à Lição Quatro

Conforme o gerente de uma das agências de publicidade mais bem sucedidos da história da Madison Avenue, Ogilvy é mais do que qualificado para dar sugestões sobre o seguinte plano de plano de aula sobre como gerenciar sua agência. Você não precisa seguir todas as sugestões, mas você certamente vai lucros, seguindo a maioria desses princípios testados pelo tempo.

Lição 4 - Como gerenciar uma agência de publicidade

Brometo de Ogilvy:

1 Crie um ambiente agradável para as pessoas a trabalhar. Eliminar o máximo burocracia possível e tentar manter o apertado rede.
2 Tratar os subordinados como seres humanos; ajudá-los quando se deparam com qualquer tipo de dificuldade ou fora do trabalho.
3 Desenvolver os talentos de cada trabalhador em sua organização ao máximo. Permitir para o fracasso e crescimento.
4 Tente evitar a gestão de cima para baixo. As decisões do grupo são quase sempre solitário da perspectiva melhor do que uma pessoa.
5. Ter boas maneiras suaves e um grau de civilidade. Tente não ser alto, arrogantes, antipáticos.

6 Seja o mais honesto possível com os clientes e com os colegas de trabalho.

7 trabalhar duro, ser objetivo e completo.

8. política Evite escritório, toadism, o assédio moral, o comportamento pomposo e crueldade

9 Personagem importante para a promoção.

10 Ao recomendar uma campanha de vendas para um cliente, agir como se fosse o seu próprio negócio

11 Seja criativo. Tente não copiar outras campanhas publicitárias de sucesso. Essas campanhas se tornou bem sucedido porque não copiar outras campanhas publicitárias.

12 Permita que seu cliente o direito de discordar de você sobre como o dinheiro deve ser gasto

13 Companhia ou comportamento cultura corporativa deve ser o mesmo em cada país

14 Esteja ciente dos costumes do país em que você está vendendo

15 Seja discreto com campanhas publicitárias e dar todo o crédito para a empresa; não a campanha publicitária

16 Evite o jargão acadêmico, tanto quanto possível; manter as coisas em linguagem simples

17 Não insulte a inteligência do consumidor

18 Aprenda propaganda de resposta direta antes de investigar outras áreas de publicidade

19. preços de corte como um incentivo anúncio deve ser sempre um último recurso

20 Valorizar a Marca e esquecer soluções rápidas

ICA e HW 4

Responda as seguintes redações:

1 O que Olgivy têm a dizer sobre Brands?

2 Qual a importância da arte de aprender propaganda de resposta direta

3 Por que é tão importante a criatividade na publicidade?

4 Por que você deve tratar o seu cliente como se fosse você possui empresa?

5 Por que é a honestidade a melhor política, tanto no escritório e com os clientes?

Recursos da Internet adicionais para esta lição:

Resource Geral

http://www.askmrmovies.com

O Hucksters (1947) filme Gable bate o ponto sobre a honestidade em anúncios

Marca
marketing.about.com

Criatividade em Publicidade
muse.jhu.edu/journals/asr/v008/8.4unit15.html

Introdução à Lição Cinco

Ogilvy tinha um apreço especial da arte de Direct Mail. Ele acreditava firmemente que as pessoas de anúncios em mala direta foram os melhores escritores do negócio da publicidade e suas inúmeras campanhas de sucesso utilizando os princípios básicos de uma boa redação Direct Mail provou seu ponto uma e outra vez. Ignorar essas pepitas de sabedoria sugeridas por Blair Entenmann em seu próprio perigo. Você pode facilmente converter esses princípios de mala direta para e-mail também.

Lição 5 - Como obter clientes - Mala Direta

Os Princípios da alvejado Direct Mail Advertising
Por Blair Entenmann, Presidente de Marketing Help!

Publicidade não funciona. Não só cria um melhor ambiente de vendas, mais produtivo, mas feito corretamente, pode gerar consultas e vendas! Se você pode identificar o seu cliente ideal, você deve usar a mala direta segmentada. Quando você gasta dinheiro suado em mala direta, você quer que ele seja notado, não esquecido. O objectivo para a mala direta está aberto Me, Leia-me, chama-me hoje! Os seguintes princípios pode fazer sua mala direta mais produtivo e obter resultados excepcionais!

1.-mail ao Prospect direito com frequência. Dois terços do sucesso de mala direta é na lista de discussão - o melhor da lista, melhores serão os resultados. Invista tempo e dinheiro para encontrar ou construir uma lista de discussão de perspectivas que estariam interessados em seu produto ou serviço. Considere-se uma de duas ou três partes campanha de mala direta. O sincronismo pode ser um fator crítico de sucesso - hoje eles não estão interessados, mas no próximo mês elas possam ser. Repetição irá gerar uma melhor resposta. A regra geral é que leva 6-9 publicidade ou vendas contatos antes de um suspeito de compra.

2 fazê-lo sobressair. O que para obter atenção, diversão e dispositivo criativo que você pode usar que tem alguma ligação com o seu produto ou serviço? Seja diferentes em tamanho, forma e cor de correspondência de concorrentes, tais como um grande envelope quadrado, um envelope amarelo brilhante, ou tubo de discussão triangular. Use cartões postais, cartões, ou até frisbees para entregar sua mensagem. Que palavras para obter atenção funcionam melhor para os seus clientes potenciais? Palavras como gratuito, New, Agora, Breakthrough, Finalmente, e por tempo limitado são poderosas, palavras mágicas que podem evocar uma resposta positiva. Um bom conceito criativo, combinadas gráficos que chamam a atenção e cópia vai fazer a sua mala direta perceptível.

3. torná-lo interessante. Faça uma oferta tão boa que os seus clientes simplesmente não pode recusar. Descubra o que eles querem e oferecer a eles. Use promessas de clientes orientados para o benefício de manchetes como "evitar o roubo de seus objetos de valor" ou "Reduza sua garantia custos com componentes de qualidade!" Escrever vendendo cópia sobre o que theprospect quer saber em frases claras e concisas. Adicionando uma poderosa carta de apresentação para um grande folheto pode aumentar a sua resposta. A carta permite revelar e personalizar uma grande oferta promocional ou obter a perspectiva envolvidos em seu produto ou serviço. Letras a laser personalizado (Caro Blair) são mais eficazes do que cartas de formulário (Caro Sportsman). Use manchetes dentro da letra para resumir o benefício do parágrafo seguinte. Você pode incluir uma especialidade de publicidade que poderia aumentar a curiosidade do cliente?

4. testar, testar e testar. Execute duas campanhas ou promoções diferentes ao mesmo tempo (ou seja, um teste A / B) para ver qual funciona melhor. Em seguida, execute o vencedor com a outra metade da sua lista de perspectiva contra a próxima grande idéia. Horas extras que você vai melhorar seus resultados com base no que os seus clientes potenciais / novos clientes querem.

5. Faça mais fácil responder agora. Pergunte para a resposta que você gostaria e ajudá-los a fazê-lo. Sua mala direta é o seu vendedor e deve pedir o fim! Em cartas de vendas, use um P.S. para fazer um forte apelo à acção. Utilize um cartão de resposta comercial, 800 número, número de fax ou web site que oferece um processo de uma única etapa. Dê um incentivo para a resposta desejada (isto é dom gratuito ou consideração especial se você agir agora). Sua taxa de resposta será maior se você oferecer aos clientes várias formas de responder.

6. Acompanhe os resultados. Criar um sistema de rastreamento para que você possa determinar o que funciona eo que não funciona. Analise seus resultados em um custo por mensagem, o custo por proposta / Estimativa / Nomeação e Custo por base a venda. Às vezes a resposta de baixa oferta

promoção tem céu de conversão de vendas elevado, tornando-se uma venda mais lucrativa do que a alta de resposta, baixo volume de vendas de conversão promoção oferta.

ICA e HW 5

Responda as seguintes redações

1 Por que você deve criar uma lista de discussão?
2 Por que você deve monitorar cuidadosamente seus resultados de vendas cada vez que você executar um novo anúncio?
3 Por que você deve testar continuamente sua campanha de publicidade?
4 Quais são as vantagens e desvantagens de mala direta?

Recursos da Internet adicionais para esta lição:

Resource Geral

http://www.askmrmovies.com

use o link abaixo sobre como dar campanhas eficazes e-mail

http://unbounce.com/email-marketing/the-6 pontos-guia-para-uma-irresistível-email-cabeças-campaign/

Direct Mail Advertising

www.alladvertisingagencies.com

Resposta Direct Mail

www.dmnews.com

Introdução à Lição Sete

Ogilvy sabia que havia mais do que uma maneira de cozinhar os ovos e as pessoas desfrutar de cada prato; independentemente de como você cozinhou eles. O objetivo era prepará-los bem. Ogilvy, é claro, foi um chef de classe mundial antes de se tornar um publicitário em Madison Avenue, então ele sabia um pouco sobre a preparação de pratos ou campanhas publicitárias de diferentes maneiras. Este esboço de plano de aula analisa algumas de suas receitas para o sucesso.

Lição 6 - Métodos de Recrutamento Cliente

A. Direct Mail como explicado na lição anterior

B. Ao negociar com os clientes diretamente, enfatizar a qualidade sobre a quantidade. É melhor ter um bom redator em uma conta de seis medíocres.

C. Nunca subestime o poder da criatividade a partir de qualquer ponto de vista do cliente ou do ponto de vista da agência.

D. energia criativa é outra variável importante no processo de anúncio. Meramente ter uma boa idéia não fazer o trabalho, a menos que você tem a energia criativa de ver a ideia em realidade.

E. Uma proposição simples como "se a nossa campanha não aumentar suas vendas, então você não vai ser cobrado" vai um longo caminho para o recrutamento de novos clientes para sua base.

F. mostrar aos clientes potenciais que você pode fazer o seguinte sem dificuldade: definir os problemas e as oportunidades para o cliente, estabelecer metas de curto e de longo alcance para o cliente, com resultados mensuráveis (em geral de vendas), ser capaz de levar grandes grupos de executivos, fazer apresentações lúcidos às comissões, e ser capaz de operar dentro dos parâmetros do orçamento do cliente.

G. Atualmente mais de 10.000 agências de publicidade; como você vai se diferenciar dos outros?

H. fazer contatos e amigos com agências de notícias, emissoras de TV, estações de rádio e todos os meios que você pode pensar. Tirá-los para almoçar e informá-los sobre a sua agência e os serviços que oferece.

I. Como você ganhar mais dinheiro, sugere-se que você começa a atualizar seus clientes. Seus clientes serão duramente ciente do status de seus outros clientes. Os últimos 3.000 agências terá alguém como um cliente, o próximo nível de agências terão os padrões mínimos para os clientes, os 3.000 agências finais só irá lidar com a extremidade superior de clientes, e os top 1.000 agências (e, esperamos, a sua agência) vai lidar com apenas as empresas que fazem mais dinheiro.

J. apresentações gratuitas são conhecidos como apresentações especulativos no negócio de publicidade. Mas, além de uma apresentação especulativa, deve-se oferecer as "vendas vai aumentar ou não haverá nenhum custo para a campanha publicitária". As chances de vendas de um cliente subindo sob qualquer campanha por três meses é de aproximadamente 81%, de modo que quase qualquer coisa que você fizer vai resultar em um lucro para o cliente. No entanto, se houver um aumento substancial nas vendas, pode ser um resultado de sua campanha publicitária criativa.

K. Tem que haver uma verdadeira química entre o cliente ea agência ou a campanha terá mais dificuldade do que a maioria das outras campanhas.

L. extensa pesquisa é absolutamente obrigatório para o sucesso de qualquer campanha publicitária. CADA agente deve ser capaz de citar o RESEACH FEITO ANTES reunião com um cliente potencial.

ICA e HW 6

Responda as seguintes redações:

1 Por que a qualidade mais importante que a quantidade de publicidade?
2 Por que é a criatividade um fator importante na publicidade?
3 Por que você deve tentar criar um nicho para a sua agência?
4 Por que às vezes você fazer apresentações livres ou especulativos para os potenciais clientes?
5. Por que pesquisa uma das partes mais essenciais da sua apresentação?

Recursos da Internet adicionais para esta lição:

Resource Geral

http://www.askmrmovies.com

verificar este recurso para apresentações
http://www.cinemacon.com/

A Importância da Pesquisa em Publicidade

http://en.wikipedia.org/wiki/Advertising_research

Como dar excelentes apresentações

http://www.forbes.com/fdc/welcome_mjx.shtml
Introdução à Lição Sete

Deixamos o mundo otimista da Ogilvy para uma lição para plantar os pés nas realidades de empregos de nível de entrada no negócio de publicidade. Ser bem sucedido em um trabalho de nível de entrada em uma agência de publicidade boa é semelhante a atravessar Fifth Avenue cinquenta vezes durante a hora do rush, sem ter uma ligação estreita com um veículo. Claro, se você estiver fora de Nova York, as coisas são um pouco mais fácil. E se você está na China, as chances são de que você está prestes a única em seu escritório, ou mesmo em toda a empresa que sabe alguma coisa sobre a publicidade profissional.

Lição 7 - as duras realidades da entry-level Empregos em Publicidade

A. Há apenas uma razão para qualquer empresa no mundo a contratá-lo para qualquer coisa; que seria para ganhar mais dinheiro para a empresa.

B. De um modo geral, a maioria das empresas consideram as vendas como um barómetro do seu sucesso; mais as vendas que são responsáveis por, mais dinheiro você vai fazer em qualquer nível no mercado de trabalho.

C. Assim como 90% de todas as empresas falham dentro de três anos, 90% + de todos os trabalhadores de nível de entrada falhar em seus postos de trabalho em três anos. Basta fazer as contas. Se 90% de todas as empresas falham, em seguida, 90% de todas as vendas de "profissionais" devem estar falhando também.

D. Um trabalhador de nível de entrada nas vendas pode, às vezes, ser um sucesso imediato. Não existe um calendário para o sucesso em vendas; venda apenas aumentou.

E. Você pode ser o trabalhador mais difícil no escritório que coloca em 100 horas por semana, é um bem, pai de família honrado, honesto, sincero e leal e se seus números de vendas não estão em um curto espaço de tempo (normalmente de três meses) , você será enlatada.

F. Você pode ser o trabalhador mais preguiçoso no escritório que está sempre atrasado, tira um monte de dias doentes, loucos por aí com todas as mulheres do escritório, ser desonesto, hipócrita, desleal, mentiroso, ladrão e tarado, jogar jogos em seu computador todos os dias e deixar o trabalho cedo e ainda obter um grande aumento e promoção, se seus números de vendas estão em alta. Não se esqueça de comparar E e F da próxima vez que alguém pronuncia a frase tola ", mas isso não é justo!"

G. Um bom anúncio não garante aumento de vendas, mas dá-lhe uma oportunidade melhor para ter sucesso em conseguir mais vendas. Como a maioria das coisas na vida, não há garantias de uma carreira empresarial. Em termos gerais, um anúncio ou promoção só é bom se ele aumenta as vendas.

H. Começar o trabalho depende principalmente convencer o secretário de Recursos Humanos que você é um jogador de equipe e gostaria de provar a si mesmo para ser um trunfo para a equipe para aumentar as vendas para a empresa. Sublinhando a sua independência, novas formas de pensar, as realizações individuais e as qualidades, e desejo de ter sua própria empresa, um dia, só irá garantir que você não vai conseguir o emprego. Escondendo todos esses desejos e sublimando-as às necessidades de um jogador da equipe para a empresa vai ir muito mais longe para as suas chances de ser contratado.

ICA e HW 7

Responda as seguintes redações

1 Como são seres humanos semelhantes a maioria das empresas?
2 Como são as pessoas de vendas de nível de entrada julgado pelo seu empregador?
3. Quanto tempo normalmente necessário para um novo vendedor para ser bem sucedido em seu novo emprego?
4 Quão importante é um bom anúncio para sua campanha de vendas? E como é um bom anúncio medido?
5 Por que é mais importante para mostrar o quanto de um jogador da equipe que está em sua entrevista inicial de ser um pensador independente ou uma pessoa com grandes realizações individuais?

Recursos da Internet adicionais para esta lição:

Resource Geral

http://www.askmrmovies.com

Homem Comercial (2001)

Entrada de nível Publicidade

http://advertising.about.com/od/careersource/a/adagencyjob.htm

Sistemas de recompensa para publicidade Executivos

http://www.google.com/patents/US20100161398

Intro para Lição Oito

Aqui está um outro esboço de plano de aula prática que descreve alguns dos prós e contras de subir a escada em publicidade. Pode valer a pena o seu tempo a prestar muita atenção a cada parte desta seção. As pessoas que trabalham duro na publicidade não valem tanto para a empresa como pessoas que criam mais receita; é tão simples como isso.

Lição 8 - Subir a escada para o próximo nível em Publicidade

A. Ok, digamos que você teve sorte em seus primeiros três a seis meses, e colocar-se um número crescente de vendas para sua equipe. Confie em mim quando eu lhe digo que você já foi notado. Se você é verdadeiramente uma força a ser reconhecida, e seu gerente de vendas acha que você pode fazer o trabalho, você pode ser oferecido a posição de um gerente de vendas assistente em menos de seis meses no cargo. Esta é uma boa notícia e uma má notícia.
B. A boa notícia é que você vai ter um título, possivelmente o seu próprio espaço de escritório, e um pouco mais de dinheiro e poder.
C. A má notícia é que seu gerente de vendas provavelmente será tomada de crédito para a maioria de suas idéias, campanhas e aumento de vendas. Ele ou ela vai ser lançando para o próximo degrau na escada, que é gerente regional de vendas ou gerente de um território maior. Você não vai ter uma oferta para a posição regional, mesmo se você é o principal motivo que as vendas aumentaram.
D. Você provavelmente irá fazer todo o trabalho do gerente de vendas, enquanto ele ou ela está farejando em torno de um trabalho melhor. Na realidade, você vai realmente ser o novo gerente de vendas. Agora você vai ser responsável por fazer todos os deveres de um gerente de vendas, que incluem, mas não estão limitados, aos seguintes: 1 contratação de novos profissionais de vendas, 2 Firing atuais vendedores ineficazes, 3 acompanhando de perto os números de vendas de sua equipe atual, 4 Criando campanhas de vendas novas, tais como os do filme Glengary Glenross (ver revisão em askmrmovies.com) "First Place é um carro novo, segundo lugar está um novo conjunto de facas eo terceiro lugar é sua demitido "Este tipo de competição é geralmente definido a cada mês. Uma equipe de vendas típico de seis podem concorrer para os dois "prêmios" com os mais baixos dois artistas quase sendo certo que será demitido. O próximo dois acima deles irá, muito provavelmente, ser colocado em uma espécie de "liberdade condicional" por um mês, o que, traduzido, significa que eles serão demitidos próximo mês se não terminar em primeiro ou segundo lugar em vendas.
E. Excepções à sobrevivência do mais apto no cenário D estão se toda a força de vendas é relativamente amontoados perto em números de vendas, mas todo mundo está se transformando em números aceitáveis. Lembre-se, no entanto, que os números aceitáveis é um termo relativo. 100.000 em vendas em um mês pode ser aceitável, enquanto que em um mês poderia significar que você seria demitido.
F. Você sucesso como um gerente assistente de vendas está intimamente ligada aos resultados de sua equipe de vendas, por isso é essencial que você formular o time que você quer e tentar garantir o seu sucesso ao mais alto grau. Se eles falharem, você não só vai perder o seu cargo de Assistente de Gerente

de Vendas; você pode ser enlatado completamente da empresa. Na maioria das vezes, no entanto, o pior que vai acontecer com você é que você se jogado de volta ao bloco de pessoas gerais de venda. Este é também o momento para experimentar e levar o crédito por, algumas novas campanhas de publicidade que você acha que pode funcionar.

ICA e HW 8

Responda as seguintes redações:

1 Quando você será promovido de vendedor para Assistente de Gerente de Vendas?
2 Qual é a boa notícia e uma má notícia de se tornar um novo Assistente de Gerente de Vendas?
3 O que, em geral, são as novas responsabilidades de um gerente assistente de vendas?
4 O que são "números aceitáveis"?
5 Por que está montando sua equipe de vendas e garantir o seu sucesso tão importante para o seu próprio sucesso?
6 O que acontecerá se sua equipe de vendas falhar?

Recursos da Internet adicionais para esta lição:

Resource Film
Glengarry Glenross

http://www.askmrmovies.com

Deveres de um gerente assistente de vendas

http://education-portal.com/articles/Advertising_Manager_Job_Description_and_Requirements_for_a_Career_in_Advertising_Management.html

Como contratar e vendedores Fogo Efetivamente

http://www.rabinsite.org/academyLms/content/workbooks/mc2workbook.pdf
Intro para Lição Nove

Aqui está um bom conselho geral sobre como se apresentar a seus supervisores e colegas de trabalho; quer seja no Ocidente ou na China. Este esboço de plano de aula examina ética publicitária (sim, as boas agências de publicidade têm boa ética) e você precisa entendê-los.

Lição 9 - Ética e trap Workplace Socialização

A. Socializar no local de trabalho (e, particularmente, no local de trabalho de Vendas) pode ser extremamente perigoso para sua saúde emprego. Homens e mulheres têm dormido com o outro apenas para conseguir falar com oportunidades de vendas. A luta entre os vendedores de namoro pode ser venenoso para a equipe de vendas inteiro. Desconfie de qualquer investidas românticas em seu escritório de vendas. Há uma abundância de outros lugares para conhecer pessoas do sexo oposto. Apesar de promover o trabalho em equipe e da proximidade dentro do grupo, há sempre essa distância criado pela concorrência para as duas primeiras posições no escritório à espreita por trás de cada sorriso, cada bebida ou celebração e cada situação social no escritório.

B. Se você é casado, você é extremamente vulnerável se você tentar namorar com alguém no escritório. Todo mundo sabe que você é casado. Todo mundo sabe que você está brincando. Tudo o que precisamos é um inimigo para derrubá-lo e sua carreira na empresa acabou. Isso acontece muitas vezes em muitas empresas? É claro que ele faz. Que algumas pessoas se safar? É claro que eles fazem. Mas você não vai / porque as probabilidades estão contra você muito alto. Alguns até dizem que o sexo com sua esposa é muito melhor do sexo eles ficam fora da casa. Se isso é verdade, então por que tem hambúrguer quando você pode ter bife em casa?

C. Teambuilding é uma coisa; ficando muito sociável com seus colegas de trabalho em viagens de negócios em outra coisa. Isso acontece muitas vezes e os resultados são favoritismo, grupo desencanto, as vendas em queda e eventual demissão de seu cargo de gerente de vendas.

D. Nunca se esqueça por um segundo que a linha de fundo em todas as empresas é o lucro das vendas. Tudo o mais é uma ilusão ou irrelevante. Você pode ter um ou mais namoradas de fora de sua casa. Você pode ter tantos assuntos que você gosta e que a empresa ainda vai pagar por eles, desde que suas figuras de vendas continuam a subir. Moral e ética nunca foram a longo terno de publicidade, vendas e empresas prósperas. Traindo sua esposa ou marido, no entanto, dá a sua concorrência (tanto dentro como fora do escritório) uma vantagem que não teria normalmente. Por que dar a competição uma vantagem?

E. Em raras ocasiões, escritório um verdadeiro romance vai florescer entre dois membros solta do sexo oposto e isso é tudo muito bem. No entanto, nunca se esqueça por um minuto que muitas empresas sem escrúpulos considerar as mulheres casadas um passivo, porque eles podem engravidar a qualquer momento e perder tempo valioso empresa para as vendas e os lucros por causa de sua incapacidade de manter-se com homens solteiros que não têm responsabilidades de qualquer natureza. Apesar das leis em contrário, muitas empresas contratar apenas homens solteiros e mulheres dedicados ao seu trabalho. Eles também vão contratar homens casados sem filhos. Esse viés da pior espécie é comumente praticada pelos departamentos de vendas inúmeros. Mais uma vez, porém, você pode ser uma mulher que está grávida, tem seis filhos e dois namorados no escritório, enquanto seus números de vendas continuam a subir.

Equipes F. softball, equipes de rolamento, as equipes de golfe, as equipes de tênis e outras equipes da empresa são uma boa idéia para a moral de vendas. Partes, ir a um bar depois do trabalho, ou ir até o apartamento de alguém de trabalho pode não ser a escolha mais sábia para a maioria dos trabalhadores. Alguns poderiam dizer que eles poderiam perder seus empregos se não socializar e ir beber "com os caras". Notícia de última hora; a única coisa que conta é suas vendas; nada mais importa. Come-se com um anúncio de melhor.

ICA e HW 9

Responda as seguintes redações:

1 Por que é socializar na vendas e publicidade no local de trabalho, por vezes, uma atividade perigosa?
2 Por que as pessoas casadas, por vezes, têm dificuldade em vendas e publicidade no local de trabalho?
3 Por que convenções de vendas e viagens de negócios, por vezes, uma situação de risco?
4 Por que as vendas em última análise, a única coisa que conta, tanto quanto a ética está em causa na maioria das empresas?
5 Por que as mulheres em desvantagem em vendas e publicidade no local de trabalho?
6 Por que as atividades da equipe da empresa preferível a festas e indo para uma bebida depois do trabalho?

Recursos da Internet adicionais para esta lição:

Resource Film
Madmen (qualquer episódio)

http://www.askmrmovies.com

Desafios das mulheres nas vendas e publicidade no local de trabalho

http://www.blastradius.com/ideas/confessions-de-uma-mulher-exec/

(Parece que o autor como título de David Ogilvy tanto, ela usou para seu próprio livro)

Team-building em Vendas

http://www.teambuildingproductions.net/commercials.htm

Introdução à Lição Dez

No plano de aula do Ten, examinamos as alegrias de conseguir a sua primeira conta. Em seguida, vamos examinar o pânico que se instala quando você percebe que você provavelmente será demitido se você não for bem sucedido com esta conta. Leia sobre a sua primeira emoção do sucesso ou o seu primeiro fracasso no negócio com muito mais de cada emoção para seguir no futuro. Se você quer segurança, conseguir um emprego em um banco ou de uma escola (é claro, você não vai fazer quase tanto dinheiro).

Lição 10 - sua primeira conta

A. Parabéns. Você acaba de desembarcar sua primeira conta de publicidade. Você pode ter sido um assistente durante meses antes que lhe deu o seu próprio ou talvez você tenha sorte e começou com um logo que você foi contratado. De qualquer maneira, você pode apostar o rancho que a conta lhe foi dada é extremamente importante. Eles não vão confiar em uma grande conta para um agente de publicidade júnior. Esta é uma boa notícia e uma má notícia. A boa notícia é que você tem a sua primeira conta e uma chance de mostrar o que você pode fazer. A má notícia é que é, provavelmente, uma conta que nenhum outro membro sênior queria e que qualquer um no escritório mais do que você já tinha passado. As chances de que você vai falhar com esta conta são muito elevados; mais de 50%. No entanto, você provavelmente não vai ser demitido se você falhar, porque ninguém queria ele em primeiro lugar. É provavelmente um produto muito difícil de vender ou tornar atraente para o público. Deixe-me dar um exemplo; Ace repelente de insetos para baratas.

B. Como você faz um bug tóxico pulverizar atraente? Vamos enfrentá-lo, repelente de insetos não é muito atraente, então você tem que atacar o problema a partir de uma perspectiva diferente; quanto que as pessoas odeiam baratas? Você pode explorar o elemento medo psicológico de baratas na cozinha, banheiro e quarto? Eu tinha um grupo de estudantes de trabalhar por causa disso e é isso que eles vieram com. Um aluno tinha um homem acorda com uma barata gigantesca na cama com ele, em vez de sua esposa. Este estudante foi para o ângulo humorístico. Outro estudante tinha um grupo de baratas invadindo a geladeira, não deixando comida para a família. Esta foi também uma abordagem bem-humorada. Um terceiro aluno tem um homem pedir a sua esposa para passar a toalha a ele depois que ele tomou banho e uma barata lhe entrega uma toalha. Então meus melhores alunos pensavam que o humor era a melhor maneira de lidar com este produto e eu concordo com eles.

C. Como você vencer a concorrência? Eles dizem que a verdade é a primeira vítima da guerra. Bem, isso também é verdade na publicidade. Cada produto pretende ser o melhor e mais barato. É claro que isso não é matematicamente provável, mas todos eles afirmam que, de qualquer maneira. Assim, o produto deve ser automaticamente o melhor no mercado (mesmo que não seja). A próxima pergunta é por que é o melhor no mercado? Agora você tem que vir acima com uma idéia razoável porque é o melhor. Um dos meus alunos usou este estratagema: "Outros sprays são utilizados e os insetos continuam voltando, mas Ace repelente de insetos funciona após apenas um uso (e os erros estará de volta após este uso também). Observe o texto no anúncio; que na verdade não afirmam que os erros não vai voltar após o uso; Alega apenas que ele funciona após apenas um uso. Bem, todos os sprays bug trabalhar logo após o uso, mas isso não é importante. O leitor pensa que os erros não vão voltar após uma utilização. Este é o poder da sugestão.

Outro estudante usou o modelo econômico para seu anúncio; "Mata-los mortos com apenas um spray de" A implicação aqui é que você não precisa de um lote do produto para se livrar de seus problemas, de modo que, a longo prazo, você vai economizar dinheiro. Na verdade, todos os sprays bug matar qualquer bug com apenas um spray, mas nenhuma outra empresa pensou em fazer que um slogan. Isto é como você vencer a competição. Esteja ciente de que você já está no gelo escorregadio na arena ética.

D. A arte e cópia deve ser gráfico e enviar uma mensagem ao comprador. Mostrar um inseto morto e as palavras "apenas um spray, e eles vão embora" um aluno submetido. Todos os bugs ir embora depois de um spray, mas a idéia a imagem dá é que o spray mata o bug e não outros erros nunca vai chegar perto de lá novamente (o que é uma fantasia). A face do erro deve estar em agonia ou de medo. Na realidade, os erros não têm expressões faciais de cada um. Mostrar uma mulher na lata de matar o bug. A maioria das mulheres odeia erros e são mais limpas mais do que a maioria dos homens (que geralmente são porcos sujos que não se importam se alguns erros estão na casa). A lata é uma arma nas mãos da mulher e capacita-a a um grau.

E. Obtenha seu produto conhecido e distribuído. Você não pode aumentar as vendas, à espera de clientes para chegar até você. O exec ad manusear esta conta terá que se envolver na comercialização e distribuição deste produto, bem como o envolvimento do setor criativo. Literalmente mergulhar na internet com o seu produto. Tenha uma venda; 33% de desconto. Compre dois e obter um livre (o mesmo que um 33% fora da venda). Contato lojas em bairros pobres; eles têm o maior número de casas com baratas. Alvo pobres e de classe trabalhadora de pessoas; eles são os que mais sofrem com essas criaturinhas. Saiba o que a concorrência está a carregar e atender ou superar o preço.

F. Parabéns. Sua participação de mercado é de até 1% este mês. A campanha publicitária foi um sucesso. O Ace empresa Bug spray feito um extra de US $ 200.000 em vendas. Eles serão muito felizes de dar a sua agência de publicidade um bônus de 10 mil dólares em cima de $ 10.000 que pagaram para a campanha. Sua primeira campanha publicitária foi um sucesso, mas não deixe que isso suba à cabeça. Você poderia ter facilmente ter falhado. Mais cedo ou mais tarde, uma de suas campanhas de publicidade irá falhar. Esta é uma certeza matemática. Mas desfrutar do seu primeiro sucesso. Se você falhou, você teria que ignorar sua falha e chegar a uma campanha melhor na próxima vez.

ICA e HW 10

Responda as seguintes redações

1 Por que é uma boa notícia e uma má notícia para obter a sua primeira conta em uma agência de publicidade?
2 Como você faz repelente atraente para o comprador?
3 Como você bater a concorrência?
4 Por que arte e copiar importante?
5 O que você deve fazer se você for bem sucedido na sua primeira campanha de publicidade? Como você deve lidar com o fracasso?

Recursos da Internet adicionais para esta lição:

Resource Geral

http://www.askmrmovies.com

Lust For Life (1956) - Grande filme de artista

Primeiras Contas em agências de propaganda

http://en.wikipedia.org/wiki/Account_planning

Obra e Cópia em campanhas publicitárias

http://www.rottentomatoes.com/m/1216754-art_and_copy/ (documentário)

Introdução à Lição Onze

OK, então você tem sorte e fez um sucesso com sua primeira campanha. Isso é tanto uma coisa boa e uma coisa não tão boa. Agora que você foi bem sucedido com um cliente, seus gerentes estarão esperando você para ser bem sucedido com cada cliente. No beisebol, você pode fazer saídas duas das três vezes, e ainda liderar a liga em bater, mas em publicidade, que só iria levá-lo demitido. Confira este plano de plano de aula sobre como adicionar ao seu sucesso inicial.

Lição 11 - Adicionando ao portfólio Conta

A. Então você tinha um pouco de sucesso com seu primeiro cliente. Não deixe que ele vá para a sua cabeça. Existem apenas duas direções que você pode ir no negócio; para cima ou para baixo. Ninguém apenas desliza sobre o que eles têm feito. Ou você está aumentando as vendas para a sua agência ou suas vendas estão a diminuir, o que significa, é claro, você acabaria por ser convidado a sair. Vamos assumir por causa do argumento que você está na tendência de alta. Você foi bem sucedido com Ace repelente de insetos e agora você já chamou a atenção dos sócios da empresa e colocar medo no coração de alguns dos outros membros da sua agência. Você pode estar em linha para outra conta; desta vez vai ser um maior e / ou mais em conta do que Ace repelente de insetos. Talvez você vai trabalhar com a equipe "A", em vez de a equipe "B".

Seja qual for a situação que você se encontra, você pode apostar que a fazenda vai ser mais complexa do que a sua primeira conta. Esteja preparado para um cliente maior.
B. Sua empresa só demitiu Bill Clemens, que tinha sido com a empresa por três anos. Parece que a maré de sorte de Bill terminou quando ele foi dada uma explicação sólida e deixá-lo ir para baixo por dois trimestres consecutivos. Bill foi bom ou ruim? Realmente não importa. A única coisa que importa é vendas; e eles caíram dois trimestres consecutivos. Você foi entregue a conta. A boa notícia é que você provavelmente pode falhar com essa tarefa e ainda ser mantida, porque, então, a agência vai pensar que há algo errado com o cliente, se dois agentes ad falhar em um cliente em uma fileira. (Os clientes costumam deixá-lo de qualquer maneira, se encontram duas falhas consecutivas também). A má notícia é que você virou Ace repelente de insetos e as expectativas são altas que você vai virar o Alibaba Sneaker Company, que teve grande sucesso em seu primeiro ano no mercado americano (que vêm da China, naturalmente), mas o aumento da pressão de Nike e Adidas reverteu alguns dos ganhos que tinham feito em participação de mercado no primeiro ano. Seu trabalho é para aumentar a sua actual quota de mercado de 4% a 5% ou mesmo os 6% que tinham no primeiro ano.
C. Lembre-se, você ainda tem que reparar o seu outro cliente, Ace repelente de insetos, além de chegar com uma campanha para Alibaba Sneakers. Cuidado para não espalhar-se muito fino, tendo muitos clientes ao mesmo tempo. Delegar alguma autoridade a um de seus assistentes (por esta altura, os membros mais velhos terá dado um assistente). Peça-lhes para manter o controle sobre a campanha

Bug Spray de Ace para se certificar de que está progredindo de acordo com suas expectativas. Então você pode começar a organizar a sua nova campanha para Alibaba Sneakers.

D. Então, o que deu errado com o Alibaba Sneakers? Por que perder quota de mercado para os dois últimos trimestres. Você precisa fazer uma extensa pesquisa antes de tentar sua nova campanha. Sua pesquisa mostra que a Nike criou um produto low-end para competir com os baixos preços oferecidos pelos Alibaba Sneakers. Isso reduziu a vantagem de que o Alibaba Sneakers tinham quando chegaram ao mercado e desvalorizado todas as outras marcas de tênis domésticos. Então Nike atacou você. Você precisa atacar Nike volta. Um dos meus alunos foi atribuído o problema Alibaba Sneaker e veio com esta solução; copiar o topo dos estilos de linha de Nike e vendê-los por muito menos com os mesmos componentes. Usa um grupo de relatórios do consumidor independente para comparar o seu topo dos estilos de linha e qualidade com que a Nike para os preços que são oferecidos tanto para. O grupo de consumidores deve chegar a conclusão de que para o preço, Alibaba Sneakers oferecer tudo a mesma qualidade que o top de linha tênis Nike oferecem, mas a um preço mais baixo. Se você pode realizar esta estratégia, você vai estar na linha para um bônus muito grande, um grande aumento, um novo escritório e em linha para as contas ainda maior e melhor.

E. E se você falhar? E se Alibaba Sneakers não quer ter a chance de ir cabeça a cabeça com a poderosa Nike? Então você quer ser demitido ou outra oportunidade com outra conta. Independentemente do resultado, você sempre terá de criar uma nova campanha com novas idéias. Mesmo se você trabalha para uma meia dúzia de agências de publicidade, tudo o que preciso é uma boa idéia e uma boa campanha para tornar a sua marca no mundo da publicidade. Basta manter indo para longe, e mais cedo ou mais tarde, você vai bater um fora do parque.

ICA e HW 11

Responda as seguintes redações:

1 O que vai acontecer se você tiver sucesso com seu primeiro cliente?
2 O que vai acontecer se você não conseguir virar um cliente com problemas?
3 Como você deve atender a seus clientes, se você adicionar mais clientes à sua carteira?
4 Como você pode contra-atacar a concorrência?
5 Como se deve tratar de uma campanha publicitária falhou?

Recursos da Internet adicionais para esta lição:

Resource Geral

http://www.askmrmovies.com

Falha: O Filme (2012)

Somando-se a sua base de clientes

http://www.shmoop.com/careers/sales-representative/

Tratamento de falhas em Publicidade e Propaganda

http://www.theradiostations.com/12-causas-publicidade-falha

Introdução à Lição Doze

Há um ditado que diz que somos julgados pela companhia que temos. Nada é mais verdadeiro do que essa afirmação no mundo da publicidade. Se você dormir com porcos, você será considerado um porcose; independentemente de seu terno de três peças da Brooks Brothers. A seguir o conselho de Ogilvy não só deve ser seguido, mas seguiu à risca.

Lição 12 - Como selecionar clientes para Publicidade

A. Ao contrário da crença popular, uma empresa de publicidade bom não tomar todos os clientes que vêm através da porta. Para isso colocaria em risco a reputação da agência que você está tentando construir.

B. Tenha orgulho para anunciar o produto que seu cliente está tentando vender. Se você tem um problema em vender roupa interior da senhora, então não aceitar a conta.

C. Nunca aceite uma conta a menos que você acha que pode realizar um trabalho comprovadamente melhor do que o seu antecessor.

D. Tente não adicionar clientes com uma longa extensão de perdas consecutivas em participação de mercado ao longo de vários trimestres.

E. Evite clientes que são muito exigentes; exigentes clientes muitas vezes têm noções preconcebidas sobre o que funciona eo que não funciona. Isso sufoca a criatividade ea capacidade de sua equipe para montar uma nova campanha eficaz.

F. Procure os clientes com produtos de baixo custo unitário, o uso universal e de compra freqüente (escovas de dente, papel higiênico, doces, bebidas, etc). Eles têm orçamentos maiores e são mais fáceis de teste de alta bilhete itens.

G. Evite grupos ou comitês que exigem mais do que uma pessoa de bem sua campanha publicitária. Certifique-se que você é responsável para o patrão sozinho e ninguém mais.

H. Não aceitar um cliente com uma condição que você deve ter um de seus trabalhadores em sua equipe.

I. Evite clientes que agem como valentões.

J. Evite clientes que anunciam publicamente lo como um candidato para a sua campanha. Fracasso público para recrutar esses clientes um resultado em danos ao seu organismo.

K. Evite competir com mais de três outras agências, em qualquer altura para uma conta.

ICA e HW 12

Responda as seguintes redações:

1 Por que você deve ser seletivo na escolha de clientes de serviço para a sua agência?
2 Por que você deve evitar a clientes exigentes?
3 Por que você deve procurar clientes com produtos com baixo custo unitário?
4 Por que você deve evitar publicamente competindo por uma campanha?
5 Por que evitar situações em que as campanhas publicitárias precisam da aprovação de mais de uma pessoa?

Recursos da Internet adicionais para esta lição:

Resource Geral

http://www.askmrmovies.com

Erin Brockovich (2000) examina a ética na publicidade

Critérios de aceitação dos novos clientes em Publicidade e Propaganda

http://www.ehow.com/info_8681316_procedures-new-contas-publicidade-company.html

Evitar Clientes impróprios em uma agência de publicidade

http://marketing.about.com/od/advertising/tp/marketmistakes.htm

Introdução à Lição Treze

Aqui Ogilvy nos aconselha sobre como manter os clientes. Trazê-los às vezes é mais fácil do que mantê-los. Perder um cliente pode ser problemático para você e sua empresa. Esteja preparado para a eventual perda de um cliente por ter um plano B para o caso de deixar o seu navio. Ogilvy nos dá inúmeras dicas sobre como manter os nossos clientes satisfeitos.

Lição 13 - Como manter clientes

A. O cliente médio muda de agências de publicidade a cada sete anos. Certifique-se de dedicar os seus melhores trabalhadores para manter os clientes, e não a obtenção de novos. Você deve separar suas funções da empresa em Cliente iniciação e manutenção do cliente. Nunca misture os dois com uma pessoa.

B. Conhecer a história da publicidade do seu cliente e suas agências; evitar clientes que mudam de agências com freqüência ou têm um histórico ruim com suas agências

C. Ao estabelecer uma relação com um cliente, tentar estabelecer comunicação em todos os níveis da empresa.

D. tentar lidar com o mais alto nível da empresa em todos os momentos; CEOs e presidentes são menos problemáticos do que lidar com os subordinados.

E. Não coloque demasiada ênfase em um só cliente. Tendo uma quantidade desproporcional de negócios de um cliente pode levar a perda de uma quantidade desproporcional de negócios, se você perder esse cliente.

F. Calcule o tempo necessário para atender seu cliente. Pegue a taxa paga pelo seu cliente e dividir pelo número de horas gasto em sua conta. Se o pagamento médio por hora cai abaixo de X, você deve deixar o cliente.

G. Evite equipes e comissões, sempre que possível; fazer a sua apresentação para o CEO, presidente ou algum outro grande tomador de decisão; não um subalterno.

H. Certifique-se de ensaiar sua apresentação duas ou três vezes antes de realmente dar a seu cliente em potencial.

I. Evitar o uso de comitês ou mais de uma pessoa para fazer uma apresentação; a pesquisa mostrou um alto-falante é mais eficaz do que um grupo de falantes.

J. Diga a seu cliente com a verdade; mesmo se você custa a conta.

K. Não permita que o bullying de qualquer tipo dentro de seu escritório ou agência; qualquer fogo que não é harmoniosa ou, no mínimo, cooperativa e flexível.

ICA e HW 13

Responda as seguintes redações:

1 Por que é manter os clientes tão importantes como obtê-los em primeiro lugar?

2 Por que você deve pesquisar completamente a história da história da publicidade do seu cliente em potencial?

3 Por que você deve apresentar ao mais alto nível de empresa do seu cliente em potencial?

4 Por que você deve evitar qualquer contrato desproporcional de um cliente em potencial?

5 Como você deve tomar a decisão de largar um cliente?

6 Por que você deve ser sincero e verdadeiro em todos os momentos com todos os seus clientes?

7 Por que não devemos permitir que o assédio moral em seu escritório ou agência?

Recursos da Internet adicionais para esta lição:

Resource Geral

http://www.askmrmovies.com

Tucker (1988) - grande filme de apresentação

Como reter clientes Publicidade

http://www.marketingdonut.co.uk/marketing/customer-care/how-a-manter-clientes-em-hard-times

Segredos para boas apresentações

http://www.thinkoutsidetheslide.com/ten-segredos-para-usar-powerpoint-effectively/

Introdução à Lição Catorze

É importante perceber que é preciso dois para dançar o tango no jogo publicidade. Você não pode ser bem sucedida sem a cooperação de seu cliente, e seu cliente não pode ser bem sucedida a menos que cooperar com você. Neste plano de plano de aula, Ogilvy sugere como os clientes devem se comportar em relação a seus homens de anúncios ou mulheres.

Lição 14 - Como os clientes devem se comportar para sua agência?

A. Os clientes não devem criar uma atmosfera de medo para a sua agência.
B. Em um grau significativo, o comportamento do cliente determina o sucesso ou o fracasso de uma boa campanha publicitária.
C. Permita que a sua agência de publicidade para fazer a final criativo da obra; não competir com eles nesta área.

D. trabalhar diretamente com a sua agência como chefe de sua empresa.

E. Verifique se o seu agência de publicidade é bem pago para aumentar seus lucros a cada trimestre. Você pode apostar que você vai sancioná-los ou demiti-los, se as vendas vão para baixo em qualquer trimestre, para estar preparado para pagá-los bem para o sucesso.

Despesas F. da sua agência são medidos em horas; se você quiser uma pesquisa adicional, pré-teste, as apresentações de teste, testes de publicidade divididos, spots de TV, spots de rádio, jornais locais, estar disposto a pagar por cada um desses serviços adicionais de acordo com as taxas de cobrança por hora. A taxa horária para cada uma dessas e outras atividades podem variar, mas deve ser negociado antes do contrato.

G. Seja sincero com sua agência e ter a sua agência ser sincero com você.

H. Os números geralmente não mentem; apenas as pessoas mentem. Se os números dizem que é hora de uma nova campanha de publicidade; seguir os números. Se os números são bons, não corrigi-lo se ele não está quebrado.

I. Mudar para planos mensais de planos trimestrais. Melhor para encontrar um peru em um mês ou uma grande campanha de publicidade em um mês.

ICA e HW 14

Responda as seguintes redações:

1 Por que você não intimidar a sua agência de publicidade?

2 Por que o setor criativo da campanha publicitária vem da agência?

3 Por que você deve recompensar a sua agência de publicidade bem por meses rentáveis e bairros?

4 Por que você deve estar ciente da quantidade de horas de sua agência de publicidade vai gastar em seu nome?

5. Como sua empresa deve se comportar em relação aos números que vêm em cada mês ou trimestre?

6 Por que planos mensais mais eficaz do que planos trimestrais?

Recursos da Internet adicionais para esta lição:

Resource Geral

http://www.askmrmovies.com

Criatividade: The Movie (não é ótimo que você pode aprender a ser criativo a partir de um filme que tem uma ponte que eu gostaria de vendê-lo bem em Brooklyn?)

http://www.creativitymovie.com/

Criatividade em Publicidade

http://hbr.org/2013/06/creativity na propaganda-quando-você-obras-e-quando-você-doesnt/ar/1

Faturamento em Publicidade e Propaganda

http://advertising.about.com/od/advertisingglossaryb/g/Billings.htm

Introdução à Lição Quinze

A construção de uma grande campanha publicitária não é mais sorte (embora haja alguma sorte envolvida); é preciso um grande esforço de investigação e trabalho duro. Acima de tudo, é preciso disciplina. Este plano de plano de aula examina o bom conselho de Ogilvy sobre como construir uma campanha publicitária maciça.

Lição 15 - Como construir uma campanha publicitária maciça

A. ser altamente disciplinado com o seu plano e implementação
B. Há quatro bons anúncios:
1. A publicidade que as oks cliente (de acordo com uma escola de pensamento)
2. Qualquer anúncio que é lembrado pelo público e pela indústria
3 Qualquer publicidade que vende, sem chamar a atenção para o anúncio, mas apenas ao produto
4. Qualquer publicidade que aumenta as vendas do trimestre anterior (parecer do autor)
C. A criatividade pode ser superestimada. Mais importante do que a criatividade é o aumento de vendas no último trimestre.
D. Saiba as realidades da publicidade. Mail Order depende quase que exclusivamente em publicidade.

Um mês é muito tempo de testes para este processo.

E. Faça uma promessa que é atraente para os clientes do cliente e apresentar os fatos.

F. Tente construir sua marca com suas propagandas; isso vai aumentar suas vendas

G. Evite descontos e preços off ofertas; eles tendem a baratear o seu produto

H. Não copie outros comerciais de sucesso ou anúncios; eles trabalham para outros produtos, mas pode não funcionar para o seu.

ICA e HW 15

Responda as seguintes redações:

1. O que são considerados bons anúncios?

2 Por que é criatividade superestimado?

3 Qual é a importância de uma promessa para o consumidor?

4 Por que você está construindo marca importante?

5 Por que você deve evitar descontos e cupons para o seu produto?

6 Por que é aconselhável não copiar outros anúncios?

Recursos da Internet adicionais para esta lição:

Resource Geral

http://www.askmrmovies.com

O melhor filme de sempre Vendido (documentário de 2011) - Bom filme sobre branding

Como construir uma marca

http://www.wikihow.com/Build-Brand Equity

Criando uma promessa para o Consumidor

http://www.gazelles.com/columns/Brand%20Promise.pdf

Introdução à Lição Sixteen

Este é o lugar onde a experiência da Ogilvy em mala direta vem à tona. Neste esboço de plano de aula, ele nos leva passo a passo através do mundo da Direct Mail cópia do anúncio escrito; a essência de uma boa publicidade. Estes princípios são sólida e são apoiadas por campanhas publicitárias verificáveis que fizeram milhões de dólares, e pode ser facilmente praticado para a publicidade e-mail. Então tomar conhecimento.

Lição 16 - Como Escrever Excelente Copiar

A. O título é a parte mais importante de sua cópia do anúncio. 80% do seu sucesso ou fracasso vai depender de seu título.
B. Duas palavras mais poderosas da publicidade são grátis e novo.
C. Como é uma outra frase de publicidade poderosa.
D. mais longos Headlines de pelo menos 6-10 Palavras vender mais de Headlines mais curtos.
E. Inclua sua promessa de venda em seu título, se possível.

45

F. Tente incluir o nome da marca em sua manchete. Evite negativos em manchetes.

G. Cópia corpo é o texto que é lido sob a manchete. Evite analogias; mesmo os mais simples.

H. Os primeiros 50 palavras do corpo do texto são extremamente importantes. Se você manter o interesse depois de 50 palavras, o leitor geralmente ler até 500 ou mesmo mil palavras.

I. Os mais fatos que você conta no corpo do texto, a mais produtos que você vai vender.

J. Incluir depoimentos no corpo do texto, sempre que possível; eles aumentar as vendas.

K. Tente usar conselhos úteis em sua cópia de corpo, ele aumenta as vendas.

ICA e HW 16

Responda as seguintes redações:

1 Por que o título a parte mais importante de sua cópia do anúncio?

2 Por que são livres e New as duas palavras mais poderosas da publicidade?

3 Por que as manchetes mais criar mais vendas do que os mais curtos?

4 Por que você deve incluir sua promessa e marca em seu título?

5 Por que os primeiros cinquenta palavras de seu corpo Copie a parte mais importante do que a seção?

6 Por que você deve incluir depoimentos e conselhos em sua cópia de corpo?

Recursos da Internet adicionais para esta lição:

Resource Geral

http://www.askmrmovies.com

Cidadão Kane (1941) - um clássico da publicidade em jornais

Criando Headlines simples para Publicidade

Texto sugerido:
The Art of Plain Talk - Flesch

http://advertising.about.com/od/printadsandflyers/a/writingheadline.htm

Criando uma boa cópia para a sua publicidade

http://suite101.com/article/writing-ads-copy-a152095

Introdução à Lição Seventeen

Neste plano de plano de aula, Ogilvy nos leva através da arte indescritível de selecionar as fotos certas e criar o direito tipos de cartazes que irá impulsionar as vendas até se executado corretamente. Uma imagem vale mais que mil palavras, mas somente se ele é a imagem correta. Acontece que eu compartilhar desgosto da Ogilvy para outdoors ao longo das principais rodovias de os EUA. No entanto, eles não produzem receitas, então ... ..

Lição 17 - Como Ilustre Anúncios e Posters

A. O assunto do seu anúncio é muito mais importante a técnica que você usa para criá-lo.

B. Os anúncios devem trabalhar a curiosidade do espectador. Isto requer algo conhecido como apelo história. Obtendo os melhores fotografias absolutos para seus anúncios e cartazes são essenciais apenas para ter uma chance de sucesso.

C. As fotografias têm de se comunicar ou telégrafo sua promessa de venda para o cliente potencial. Evite ser muito engraçado ou muito artística em seu anúncio; isso vai prejudicar a promessa de venda.

D. Quando você usa uma foto de um homem, você perde uma grande parte das mulheres como potenciais espectadores, se você usar uma foto de uma mulher, você perde uma parte substancial do seu público masculino. Use um par sempre que vender um produto neutro sexual.

E. Se as mulheres são o seu alvo, um bebê é o melhor assunto. Usando as mulheres sensuais para vender para as mulheres não funciona tão bem como o uso de uma dona de casa comum. Anúncios de cores são 50% mais eficaz do que os anúncios em preto e branco. Multidão anúncios não funcionam tão bem como anúncios sujeitos individuais.

F. Evite mostrar edifícios e temas inanimados. Ignore o conselho de diretores de arte; eles estão mais preocupados com a arte de vender.

G. Os anúncios que parecem com as páginas editoriais fazer 50% + mais nas vendas. Certifique-se de suas fotos têm uma legenda boa por baixo (e apenas por baixo). Comece o seu exemplar com uma grande letra inicial. Evite parágrafos longos. O primeiro parágrafo deve ser de 12 palavras ou menos.

H. Sua cópia não deve ser maior do que artigos de jornal; que é o maior percentual de retorno em anúncios para largura.

I. Defina o seu anúncio no tipo 10 ou 11 pontos. Tipo Menor do que este vende a uma taxa muito mais baixa. Tipo maior do que isso ocupa muito espaço em seu anúncio.

J. Usando negrito é bom depois de três ou quatro parágrafos para quebrar a monotonia do seu anúncio. Também insira ilustrações a cada três ou quatro parágrafos.

K. * Use marcadores ou asteriscos * para ajudar o seu leitor em seus parágrafos.

L. Mantenha-se preto no branco para anúncios. Evite branco no preto. Evite texto colorido.

M. Seu título deve ser do mesmo tamanho do começo ao fim. Evite anúncios em CAPS; Eles são mais difíceis de ler (porque aprendemos a ler em letras minúsculas).

N. Para os anúncios de cupom, coloque o seu cupom na parte superior central do seu anúncio e em nenhum outro lugar.

O. projetar uma imagem de classe em seu anúncio. As pessoas não gostam de ser vistos produtos que os outros consideram segunda classe de consumo.

P. Publicidade cópia é superior a cartazes em mais de 90% de todos os anúncios (de acordo com a Harvard Business School). Boa cópia de publicidade é tão raro como bons contos e boas novelas.

P. Se você deve fazer um cartaz, seja tão escandaloso quanto possível. Use fotos realistas e evitar resumos. Você tem cinco segundos para cartazes de outdoor. A atenção do motorista é ainda menor do que em muitas situações de trânsito. Use cores fortes puros, não mais do que três cores, e todos contra um fundo branco. Use o maior tipo possível com a sua marca (Coca-Cola) visíveis (8 palavras ou menos).

ICA e HW 17

Responda as seguintes redações:

1 Por que são os temas de seus anúncios mais importante do que a técnica que você usa para vendê-los?
2 Por que a curiosidade e prometo fatores-chave no desenvolvimento do seu anúncio?
3 Por que a seleção de fotos uma enorme parte de uma campanha publicitária bem sucedida?
4 Por que sua cópia seja largura jornal?
5 Por que você deve evitar o uso de letras grandes em seus anúncios?
6 Por que sua cópia ser muito breve para outdoors?

Recursos da Internet adicionais para esta lição:

Resource Geral

http://www.askmrmovies.com

Bad Writing (documentário) (2012)

Criando Grande cópia para anúncios

http://www.streetdirectory.com/travel_guide/5015/marketing/kick_starting_body _copy.html

Criando Grandes Posters

http://www.ehow.com/video_7369054_design-publicidade-poster.html

Introdução à Lição Eighteen

Apesar de ter tido 50 anos de anúncios de televisão, desde o advento da agência de publicidade Ogilvy e Mather, ainda existem algumas regras básicas, clássico de ouro a seguir sobre os prós e contras de propaganda na TV. Neste esboço de plano de aula, examinaremos como fazer um bom segundo anúncio 30 local.

Lição 18 - Como fazer boa televisão Anúncios

A. O objetivo da propaganda na TV não é para entreter, mas para vender o produto.
B. Não use palavras faladas sozinho em um ponto; certifique-se de incluir foto (s). Se o cliente não vê-lo, eles provavelmente irão esquecer.
C. Você tem exatamente 28 segundos para um comercial de 30 segundos local para comunicar todos os sete elementos da publicidade. Pressão? Que pressão? Isto é o que você está sendo pago as quantias chorudas para, então não lamente.
D. Tente fazer o seu NEWS produto. Use a abordagem EDITORIAL se possível.
E. Evite jingles e dizeres pouco inteligente como "Just Do It" e "Você merece uma pausa hoje". Eles são banais e não fazer uma promessa para o produto.
F. Use Extreme Close-Ups para seus anúncios de TV. A maioria das telas de TV não são de tamanho gigante. Verifique se o seu produto recebe um close-up com o nome a ser mencionado, uma vez que é fotografado.
G. Às vezes você não pode caber em todos os sete elementos da publicidade; enquadrarem como muitos como você pode.

Responda as seguintes redações:

1 Por que está vendendo seu produto mais importante do que entreter o espectador?
2 Por que imagens ou clips essencial para o seu anúncio?
3 Por que as notícias ou método editorial da publicidade uma das abordagens mais eficazes para anúncios de TV?
4 Por que você deve evitar jingles ou provérbios inteligentes em seus anúncios?
5 Por que você deve utilizar close-ups extremos de seu produto em seus anúncios?
6 O que você deve fazer se você não pode caber todos os sete elementos de publicidade em seu anúncio?

Recursos da Internet adicionais para esta lição:

Resource Geral

http://www.askmrmovies.com

Network (1976) - filme clássico em anúncios de TV

Como fotografar um spot de TV

http://smallbusiness.chron.com/television-propaganda-tecnicas-18629.html

Editorial Publicidade

http://www.theguardian.com/technology/2009/feb/16/netbytes-publicidade-aotw

Introdução à Lição Dezenove

Todo mundo gosta de uma boa refeição. Mas como você diferenciar o seu produto alimentar de milhares de outras pessoas lá fora no mercado? Preste atenção em como Ogilvy pode fazer você querer sair e comprar os alimentos mais mundanas (como Kraft Miracle Whip). Há um método para a sua loucura.

Lição 19 - Como fazer boas campanhas de anúncios para produtos alimentares

A. Construa o seu anúncio ao redor do apetite do consumidor
B. Use close-ups de seu alimento e se certificar de que eles estão apelando
C. Não mostrar as pessoas em seus anúncios de alimentos; apenas o alimento
D. Use ótimas fotos de sua comida
E. ater a uma foto principal
F. Tenha uma receita que inclui o seu alimento; consumidores adoram receitas
G. Não enterre sua receita na cópia; verifique se ele está isolado
H. Imprima sua receita em papel branco; não sobre a foto ou tela
I. Obter algumas novidades em seu anúncio sobre o seu produto alimentar
J. Faça seu título específico; não geral
K. o seu nome da marca em seu título
L. Seja sério sobre a publicidade de alimentos; humor ou cópia inteligente não é recomendado

ICA e HW 19

Responda as seguintes redações:

1 Por que devemos usar o apetite do consumidor para vender o nosso produto?
2 Por que as pessoas deveriam ficar de fora de comerciais de alimentos?
3 Por que devemos utilizar principalmente apenas uma foto para o nosso anúncio comida?
4 Por que deveríamos incluir uma receita ao vender o nosso produto alimentar?
5 Por que devemos eliminar humor a partir de anúncios de alimentos?

Recursos da Internet adicionais para esta lição:

Resource Geral

http://www.askmrmovies.com

Hamburger (1986)

Como criar bons anúncios Food

http://smashinghub.com/36-mais-populares-print-food-advertisements.htm

Como fazer Food anúncios para TV

http://www.creativebloq.com/3d/top-comerciais de TV-12121024

Introdução à Lição Vinte (Revisão Lição Oito Antes de iniciar esta lição)

Ogilvy nos dá alguns bons conselhos sobre a forma de subir a escada do sucesso no negócio de publicidade. Eu particularmente gostei do conselho de férias e, pretende executá-los eu mesmo. Seu outro conselho é tão valioso, então preste atenção.

Lição 20 - Como subir a escada do sucesso em Publicidade e Propaganda

A. Seja ambicioso, mas não tão ambiciosa que as pessoas em torno de você sentir que você é ambicioso, ou eles vão encontrar maneiras de sabotar você.
B. Seja humilde ao chegar com o seu MBA fresco de uma escola da Ivy-League; você vai ser um alvo a partir de seu primeiro dia, se você não é.
C. Saiba tudo o que há para saber sobre a sua primeira conta, incluindo visitas pessoais hands-on, além de pesquisas na internet.
D. Certifique-se de que você é um expert em manchetes e cópia do corpo, além de suas outras habilidades.
E. Seja um mestre de apresentações
F. Mantenha o seu cliente e informações de potencial do cliente completamente confidencial; fazer acreditar que você é um padre que ouviu a confissão de alguém.
G. Dê uma sólida férias duas semanas, sem filhos, mas com a sua esposa. Despejar a criança (s) na casa da avó para as duas semanas. Não fazer nada além de comer, dormir e se divertir e, em seguida, voltar para o seu trabalho atualizada.

ICA e HW 20

Responda as seguintes redações:

1 Por que devemos esconder a nossa ambição de nossos trabalhadores de escritório companheiros?
2 Por que devemos ser humilde quando se entra no novo local de trabalho em publicidade?
3 Por que devemos fazer visitas pessoais para o nosso primeiro cliente (e cada cliente), além de pesquisas na internet?
4 Por que nos tornamos especialistas na criação de títulos e corpo de texto para os nossos anúncios?
5 Por que devemos manter a confidencialidade de informações de nossos clientes?
6 Por que são férias importante no negócio de publicidade?

Recursos da Internet adicionais para esta lição:

Resource Geral

http://www.askmrmovies.com

É uma vida maravilhosa (1946) - Vamos dar-lhe uma perspectiva adequada sobre ambição

Como lidar com Política do escritório

http://guides.wsj.com/careers/how-to-superar-carreira obstacles/how de manusear-office-politics/

Como manter as informações confidenciais do seu cliente

http://www.wisegeek.org/what-é-trabalho-confidentiality.htm

Introdução à Lição Twenty-One

Bem, espero que, as 20 lições anteriores lhe dará um bom começo em sua carreira publicitária nos Estados Unidos; mas e se você é um executivo de publicidade em um lugar como ...... China? Aqui estão algumas lições com base em um acúmulo de cinco anos de pesquisa sobre o assunto. China está projetado para ser o parceiro comercial número um de os EUA em 2020 você estará vendendo muito para eles.

Lição 21 - Vendendo na TV na China

A. de vendas na TV na China não é como vender na TV em qualquer outro lugar do mundo. É completamente original para a propaganda na TV, exceto para os elementos básicos de anúncios.
B. Há basicamente apenas uma agência de publicidade para todas as estações de CCTV na China; que seria a de Ouro (de fato) Ponte Agência de Publicidade, que tem um monopólio inacreditável em publicidade na China.
C. Apesar de ter um monopólio, Golden Bridge cria inúmeros comerciais de TV e anúncios espetaculares para seus clientes; especialmente em sua publicidade destino de viagem. Mesmo produtos tão simples como água mineral recebem tratamento de primeira classe por esta agência de publicidade de primeira classe.
D. Spots na televisão chinesa pode variar muito. Em os EUA e muitos outros países, o ponto médio é ou 15 segundos ou 30 segundos. Na China, o local pode ser tão longo como dois minutos. A maioria das manchas são ainda 15 ou 30 segundos, no entanto. Parece haver um pouco mais de espaço para a criatividade e diferentes comprimentos de anúncios para a televisão chinesa.
E. anúncios chinês usa frequentemente atores ocidentais e atrizes, por algum motivo, mesmo que 99% ou mais de seus consumidores são chineses. Eu não consigo ver o benefício econômico de usar palavras ocidentais ou atores em qualquer anúncio chinês. Se 95% (5% pode entender um pouco de Inglês muito básico na China) de seu público consumidor não entende o seu anúncio, você está perdendo 95% de seu orçamento de publicidade. Use caracteres chineses, atores chineses e adereços chineses para vender itens americanos ou ocidentais; sua publicidade vai render muito mais nos resultados.
F. Os mesmos pontos executar uma e outra vez na televisão chinesa. Não está claro se isso é porque não há criatividade limitada no sector da publicidade ou se as empresas estão puxando em um número consistente de vendas a cada mês; caso em que seria correto não fixar qualquer coisa se ele não está quebrado.
G. Os anúncios mais bem sucedidos são aqueles que incluem itens com custos unitários baixos, tais como água potável, chá gelado e outros itens simples. Estes produtos têm a população vasto de consumidores na China e assim alvejando-los é muito mais fácil, então, vamos dizer, visando o mercado de direito de vender BMWs.

H. tempo de comprar nos intervalos de tempo certos é a chave para muitas grandes empresas. O público chinês amo programas de talentos e eles têm os mais altos índices de audiência de todas as emissões chinesas. Consequentemente, estes intervalos de tempo são os mais caros para fazer propaganda, mas você recebe o que você paga.

I. Antes de fazer qualquer anúncio que você planeja para o ar na CCTV, certifique-se de cumprir todas as regras de censura ANTES de ar o comercial. As regras estão publicamente listado no site Xinhuanet.com.

ICA e HW 21

Responda as seguintes redações:

1 Como fazer TV chinesa e comerciais diferem de TV ocidental e comerciais.

2 Por que a Agência de Publicidade Ponte Dourada importante na China?

3 Por que muitos clientes de publicidade chinesas executar os mesmos anúncios repetidamente?

4 Por que os itens de baixo custo unitário mais seguras economicamente para fazer propaganda de itens de luxo?

5 Porque é que o horário certo e programa muito importante para o sucesso do seu anúncio?

6 Por que você deve verificar com Xinhua regulamentos do site web que regem a propaganda na TV antes de fazer seu anúncio?

Recursos da Internet adicionais para esta lição:

Resource Geral

http://www.askmrmovies.com assistir TV chinesa como os chineses em http://www.imdb.com/title/tt1261968/

Melhores programas de TV chinesas para anunciar em

http://bbs.chinadaily.com.cn/thread-852713-1-1.html

Chineses Televisão regulamentações de propaganda

http://news.xinhuanet.com/english/china/2013-01/21/c_132117787.htm

Introdução à Lição Twenty-Two

Venda na internet na China é como voltar dez ou quinze anos no tempo e tecnologia do mercado de internet dos Estados Unidos e do Ocidente. A maioria dos sites são, naturalmente, completamente chinês. Alguns sites tentam combinar Inglês e Chinês, mas geralmente acabam com Chinglish (uma forma muito ruim de Inglês com a ortografia horrível e erros de gramática). Eu aconselharia um site apenas de China, a menos que você está vendendo a educação ocidental, sites de viagens ocidentais, ou itens de luxo ocidentais. É claro que a melhor solução seria ter um top cópia escritor ocidental e um top cópia escritor chinês na mesma equipe; boa sorte com essa fórmula. Os ocidentais pensam que são gênios anúncios e chineses pensam que são gênios de anúncios. O facto de a questão é que ambos estão errados, a grande maioria do tempo.

Lição 22 - Venda na Internet na China

A. A internet na China é um desafio interessante para os empresários. É de conhecimento bastante comum que há uma enorme quantidade de censura do governo, por várias razões (a maioria deles econômica). Por exemplo, cabe ao governo chinês para impedir a entrada de redes sociais como o Facebook fora da internet chinesa, por isso que empresas como QQ e Sogou pode dominar o mercado de redes sociais e ganhar dinheiro para as empresas chinesas. Os impostos cobrados sobre essas empresas, é claro, em seguida, ir direto para o governo chinês. Existem muitas boas razões para que o PIB chinês tem dominado o mercado mundial para um número de anos e este é um deles. China, no entanto, não é o único país que pratica essa forma de protecionismo.

B. Apesar das limitações da internet na China, ainda há muitas oportunidades de web sites para pequenas e médias empresas. Os princípios básicos de construção web site ainda são válidas para a China, assim como o resto do mundo; o site deve ser bem organizada, bem anunciado e tem um nicho, ou algo diferente dos muitos concorrentes que estão online.

C. O governo chinês é muito rigoroso sobre como evitar a pornografia, fraudes de qualquer espécie, a venda de itens questionáveis, tais como nomes de marcas falsificadas ou qualquer coisa que infrinja os direitos de propriedade intelectual de outras pessoas (ao contrário do que você pode ter ouvido). Além disso, os nomes de políticos famosos, como Mao Zedong e outros não podem ser utilizados para vender itens na internet na China.

D. Se você vender seus itens na internet, você é responsável para pagar o governo chinês uma percentagem fixa de suas vendas em impostos. Alibaba e Taobao são duas empresas de sucesso que estabeleceu o padrão para as empresas de internet chineses.

E. É permitido para o seu site a ser hospedado em outros países fora da China. Você ainda é responsável, no entanto, para os impostos chineses. Sites chineses deve ser principalmente em chinês, a menos que a sua empresa está vendendo materiais de inglês ou outros bens ocidentais específicos.

F. lojas e empresas na China que não possuem um site funcional que cria um fluxo de receita confiável será em desvantagem para as lojas e empresas que são capazes de criar sites de sucesso.

ICA e HW 22

Responda as seguintes redações:

1 Por que está a desenvolver um web site um desafio na China?
2 Quais são algumas das principais preocupações do governo chinês sobre a internet na China?
3 Como você deve lidar com a questão dos impostos para o seu Web site bem sucedido?
4 Por que é a linguagem do seu site uma grande preocupação?
5 Por que sites de negócios web de sucesso têm uma vantagem sobre as empresas

que não têm um?

Recursos da Internet adicionais para esta lição:

Resource Geral

http://www.askmrmovies.com

A Rede Social (2010) - História de Facebook e Mark Zuckerberg fascinante

Sites chineses

http://www.alexa.com/topsites/countries/CN

Impostos chinesas

http://en.wikipedia.org/wiki/Taxation_in_China

Introdução à Lição Vinte e Três

    Um dos meus temas favoritos na sala de aula é o exame das pequenas empresas na China; principalmente aqueles que vendem em mercados de pulga e nas ruas. Acredite ou não, estes milhões de empresas têm uma taxa de sucesso muito maior do que as que se aplicam para os empréstimos do Banco da China. Por quê? Porque eles são muito mais pequenos e incluem um risco muito menor. Há ainda uma quantidade significativa de falhas (medido em uma escala três anos), mas a taxa de sucesso é de quase 30% (ou mais de três vezes maior do que as empresas maiores). A maioria desses vendedores ambulantes não paga por espaço ou alugar. Muitos têm muito poucas despesas fora do seu inventário. Uma das grandes desvantagens, no entanto, estas empresas de rua é a falta de diferenciação; Você pode encontrar centenas de outros vendedores ambulantes que vendem os mesmos itens. Isto leva a cerca de 70% deles acabaram ficando desvalorizado e sair do negócio. Outro grande problema é a falta de conhecimentos técnicos entre os milhões desses fornecedores; muitos dos quais não têm um computador ou web site.

Lição 23 - vendem na rua na China

A. venda nas ruas de cidades chinesas é um dos empreendimentos mais rentáveis para muitos empresários chineses. O risco é menor, há pouca ou nenhuma renda a pagar, os impostos são raramente, se alguma vez pago, ea taxa de sucesso desses milhões de pequenas empresas é de cerca de três vezes maior do que as empresas financiaram na China, que tem uma taxa de insucesso de 92% dentro de três anos de acordo com o Banco da China de departamentos de empréstimo.
B. Você precisa viver na cidade que você está vendendo seus bens de rua e estar na sua mesa por cerca de 12 horas por dia. Esta pode ser uma experiência exigente, e por vezes ingrata, quando as vendas são lentos.
C. venda nas ruas de China é muito seguro e há muito pouco roubo devido aos costumes sociais da grande maioria dos chineses. Negociação, no entanto, é outro jogo de bola completamente. Quase todos os clientes irão negociar para quase todos os itens. É por isso que o preço original nunca é o preço que o vendedor de rua espera receber. Você pode facilmente esperar em qualquer lugar de 10-20% de cada item e até 50% de desconto para gastar um monte de dinheiro.
Vendedores de rua D. chineses estão à mercê do mau tempo, a má localização e concorrência de outros 100 vendedores que vendem as mesmas coisas que eles têm. Isso proporciona ao consumidor uma grande quantidade de munição para a negociação. Apesar destes inconvenientes, muitos vendedores ambulantes ainda fazer um bom lucro no final do dia.
E. Se um vendedor de rua é sábio o suficiente para ter um nicho ou um pouco de diferenciação, eles vão prosperar muito mais do que vendedores ambulantes padrão. Fornecedores F. Street que são tech savvy e têm um nicho será quase garantido para fazer um monte de dinheiro. Um web site local que é bem sucedido na criação de um fluxo de receita confiável, além de um local ao vivo com produtos diferenciados é uma combinação letal no mercado de pulgas.

ICA e HW 23

Responda as seguintes redações:

1 Como os vendedores de rua na China comparar com outras pequenas e médias empresas na China?
2 Por que você deve viver onde você faz o negócio como um vendedor de rua na China?
3.Como negociação entrar no preço dos produtos que um vendedor de rua na China.
4 Por que é a diferenciação um fator chave para o sucesso de um vendedor de rua chinês?
5.Como o conhecimento técnico para adicionar a vantagem de vendedor ambulante chinês?

Recursos da Internet adicionais para esta lição:

Resource Geral

http://www.askmrmovies.com

Street Life (2006) - um olhar sincero de trabalhadores migrantes que tentam ganhar dinheiro como vendedores ambulantes

Vendedores ambulantes chineses

http://triciawang.com/bytes-de-china/2011/12/19/street-vendor-vida-em-china.html

Flea Markets chineses Top

http://www.tour-beijing.com/blog/beijing-travel/top-10-beijing-markets/

Introdução à Lição Twenty-Four

E, claro, há as lojas chinesas regulares e lojas. Estes têm um sucesso taxa um pouco maior do que as empresas maiores, mas menor do que os vendedores de rua, porque eles têm que pagar o aluguel e, geralmente, não são diferenciados entre dezenas de outras lojas que vendem exatamente os mesmos itens em outras partes da cidade (às vezes no mesmo bloco !). Leia antes de tomar a decisão de abrir uma loja depois de se formar na faculdade.

Lição 24 - vendas das lojas na China

A. Existem três grupos principais de lojas na China; lojas em ruas principais, lojas em ruas laterais e lojas em shoppings. Lojas em shoppings são quase sempre caros, mas eles são um pouco diferenciada da maioria das outras lojas nas ruas. Lojas nas ruas principais são quase sempre mais caro do que as lojas nas ruas laterais e geralmente têm bens que não tão bem diferenciados. Lojas nas ruas laterais quase sempre será mais barato para o consumidor, mas também sofrem com a falta de diferenciação na maioria dos casos.
Lojas B. Shopping na maioria das vezes tem muito altas rendas a pagar e deve fazer uma quantidade X no volume de vendas apenas para quebrar mesmo. A taxa de falha dessas lojas é superior a 90%, segundo o Banco da China. A falha ocorre geralmente devido à falta de uma boa publicidade, a falta de diferenciação, e com a falta de conhecimentos técnicos para criar um site de sucesso.
C. lojas localizadas em ruas principais têm um pouco mais elevada taxa de sucesso do que as lojas de shopping, mas ainda sofrem com as mesmas deficiências que têm lojas de shopping. Sua taxa de falha é de 80%.
Lojas D. localizados em ruas laterais parecem ser um pouco mais bem sucedidos do que aqueles localizados nas principais ruas ou nos shoppings porque chineses aprenderam ao longo dos anos (e também estrangeiros) para fazer compras em ruas laterais para obter melhores pechinchas e para poupar dinheiro (um passatempo nacional chinês). A taxa de falha aqui é ainda mais de 70%, devido aos mesmos motivos shopping e de rua principal lojas falhar.
E. Ao contrário dos mercados de pulga e vendedores de rua, lojas de shopping e lojas de rua raramente principais negociar com os seus bens. Você pode obter um desconto ocasional, mas eles geralmente manter seus preços, porque eles têm sobrecarga tidos em conta os preços de inventário.
Lojas de rua F. colaterais são muito mais propensos a oferecer aos clientes um desconto e está pronto para negociar praticamente tudo o que têm, exceto para itens alimentares.

Responda as seguintes redações:

1 O que os três principais tipos de lojas na China e como eles diferem?
2. Quais as vantagens e desvantagens de uma loja de shopping na China?
3 O que as vantagens e desvantagens de lojas localizadas nas principais ruas da China?
4 O que as vantagens e desvantagens de lojas localizadas em ruas laterais na China?
5. Como todos esses três tipos de lojas diferem dos mercados de pulga e vendedores de rua?

Recursos da Internet adicionais para esta lição:

Resource Geral

http://www.askmrmovies.com

Uma História Simples Noodle (2009) - Boa visão sobre como um negócio nativo chinês é executado

Lojas chinês Shopping

http://www.chinatouristmaps.com/top-10s/shopping-malls.html

Lojas chinesas nas ruas (Restaurantes)

http://www.simsimhamara.info/chinese-restaurante-business-planos-porque-você-precisa-one/

epílogo

Espero que tenham gostado de sua viagem pelo mundo da publicidade. Não deixe que os números de medo do fracasso impedi-lo de tentar sua mão em publicidade. Melhor ter tentado e falhado do que nunca tentou nada. O mesmo vale para tentar o seu próprio negócio. Siga sua felicidade como um grande homem disse uma vez. A vida é um longo caminho; saia em uma das ruas laterais e fazer umas comprinhas para se divertir.

www.ingramcontent.com/pod-product-compliance
Lightning Source LLC
Chambersburg PA
CBHW071727170526
45165CB00005B/2181